維根斯坦的哲學筆記

文化與價值

德中對照

VERMISCHTE
Eine Auswahl aus dem Nachlaß
BEMERKUNGEN

Ludwig Wittgenstein

路德維希·維根斯坦———著

林宏濤 譯

目次

（＊本書為維根斯坦著作遺稿中的筆記集結，按筆記年份逐年
　　排列至全書結尾。）

寫給離散在世界角落之人的筆記

黃哲翰

「不能表述的事物（我覺得是一種奧祕而不可言喻的事物）或許就是我可以表述的事物所擁有的意義的背景。」

維根斯坦一生的哲學旨趣在於探問作為真理之工具的語言與真理之間的關係。對維根斯坦而言，真理是整全而語言是片段的，儘管我們不得不藉助語言，但真理本身卻是不可被言說的。因而哲學就是一種對不可言說者進行言說（更確切而言是：避免進行言說）的嘗試，它注定是要來回修改、結結巴巴的（正如維根斯坦本人有口吃）。

這種來回結巴的思想特徵，恰恰表現在維根斯坦的《邏輯哲學論》與《哲學研究》這前後兩部代表著作的顛倒反覆上。為了面對那不可言說的、整全的真理，維根斯坦所做出的言說先後為邏輯實證論與現象學（這兩個幾乎互斥的思潮）帶來了深遠的影響，而這又成為學界長期以來討論的課題：維根斯坦前後期的思想究竟是一種轉折、還是一種延續？

不過，在這種學院哲學史式的探討之外，一般人或許更好奇的是：對於這位一生抑鬱、反覆決定進入又離開哲學界的天才哲學家而言，那不可言說的真理到底是什麼？而他如此執著於語言、執著於不可言說者的理由究竟是什麼？

上述問題在《邏輯哲學論》與《哲學研究》中都無法得到解答。然而，這部由維根斯坦劍橋大學教席的後繼者喬治‧亨里克‧馮‧萊特（Georg Henrik von Wright）所編纂之《維根斯坦的哲學筆記》，或許可以讓我們找到不少線索。在這部筆記集中，維根斯坦透過其零碎而私密的語言，方才向我們透露了他所面對的、所要處理的「世界」具體是什麼——那是十九世紀末到二十世紀前半葉的歐洲文明處境：古典音樂與藝術的衰落、不斷進步卻同時也自我作繭般不斷複雜化的科學、大眾社會的出現與庸俗化、法西斯與社會主義席捲歐陸，乃至於始終糾纏著他的生活世界的反猶太狂潮。

事實上，正是猶太人的身份讓維根斯坦從上述歐洲文明的處境出發，走到了《邏輯哲學論》與《哲學研究》中的語言批判，以及對不可言說之真理的沉思。十九世紀歐洲各地的猶太社群曾力行同化運動，欲透過接受高等教育與努力精通主流社群的語言（例如德語、法語）融入當地並藉此抬升地位。為此，猶太人大力擁抱啟蒙傳統的理想，樂觀地相信語言的效力是普世的、科學的，而所有人都能藉助語言來溝通與共存。

此種啟蒙的語言理念隨即在十九世紀後半葉遭遇了嚴重的挫敗，迎接猶太人追求同化之夢想的反而是愈加白熱化的反猶主義。同時，歐洲各地在快速工業化的背景下出現的階級、文化、政治衝突與狂熱的民族主義，也順勢將猶太社群當作替罪羔羊。尤其是蔑視啟蒙普世主義的民族狂熱者，更是把擁抱啟蒙理想的猶太社群視為社會毒瘤──維根斯坦成長的故鄉維也納，就正是十九世紀末反猶主義的重鎮（它也弔詭地同時是納粹反猶與猶太錫安主義的起源地）。

「我們和語言作戰。我們陷入和語言的戰爭中。」

作為「世紀末」（Fin de siècle）世代的文化人，維根斯坦所經歷的是一場語言被政治狂熱所腐化的災難：偏見與極端意識型態披上了科學與邏輯的外衣，讓言說論述在理性的假象下頓失客觀的依歸；而身為猶太人，維根斯坦更是處處能感受到主流大眾訴諸文明教養之概念論述的另一面：那實際從事歧視與排斥的言說行動。啟蒙主義之語言理想的幻滅，隨即在納粹的政治宣傳與官僚語言中來到了絕望的深淵，複雜專業而鏗鏘堂皇的論述四處泛濫，而人們面對那些心知肚明的反人類恐怖暴行卻只能在沉默中讓其成為另類的不可言說之物。

但維根斯坦並非鄂蘭（Hannah Arendt），他並沒有徑自去分析這場語言災難的起源，而是憂鬱地與他的世界隔離，忐忑地去洞察西方文明的境況。於是在他的筆記中，我們宛如讀到一個正在躊躇作詩的維根斯坦，他談布拉姆斯和孟德爾頌的音樂、談佛洛依德對夢的解析、談神性與善、談《福音書》、談悲劇、談科學發明、談哲學與語言──透過私密而隱晦的方式，他用自身的生命經驗與哲學思索，將上述文明境況的面向彼此連結、譜成斷簡般的詩曲。正如他寫道：

　　「『整個痛苦的世界都在這些文字裡。』……語詞就像橡實一樣，從它裡面可以長出一株橡樹。」

　　我們或許永遠都無法理解維根斯坦的這些筆記私語，因為對他而言，語言就是一個人的生活世界所譜寫出的詩曲（正如他的自我形容：「我的原創性是一種屬於土壤的原創性，而不是屬於種子的。」）。從某方面來說，維根斯坦的文字（或許也包含《邏輯哲學論》和《哲學研究》），「只是寫給一小圈子的人的……他們是我的文化圈，就像我的祖國的同胞。」

　　或許只有處於「世紀末」歇斯底里的歐洲文明、處於語言成為「世界毀滅的試驗場」的德語世界，只有身為猶太人的思索者、同時又是某種神性之善的探問者，才能理解維根斯坦這些筆記、乃至於其哲學言說背後的那不可言說者。

　　正如維根斯坦寫道，他的這些言說，「其實是寫給離散在世界各個角落的人們的。」

Vermischte Bemerkungen

維根斯坦的哲學筆記

1914

♦

Wenn wir einen Chinesen hören, so sind wir geneigt, sein Sprechen für ein unartikuliertes Gurgeln zu halten. Einer, der chinesisch versteht, wird darin die *Sprache* erkennen. So kann ich oft nicht den *Menschen* im Menschen erkennen.

1929

♦

Meine Art des Philosophierens ist mir selbst immer noch, und immer wieder, neu, und daher muß ich mich so oft wiederholen. Einer anderen Generation wird sie in Fleisch und Blut übergegangen sein, und sie wird die Wiederholungen langweilig finden. Für mich sind sie notwendig.

♦

Es ist gut, daß ich mich nicht beeinflussen lasse!

♦

Ein gutes Gleichnis erfrischt den Verstand.

♦

Es ist schwer einem Kurzsichtigen einen Weg zu beschreiben. Weil man ihm nicht sagen kann: "schau auf den Kirchturm dort 10 Meilen von uns und geh' in dieser Richtung."

一九一四年

◆

我們聽到一個中國人說話時，往往會覺得那只是沒有音節可言的南蠻鴃舌。懂中文的人，就認得出來那是一種**語言**。同理，我也往往沒辦法在人的身上辨認出**人性**。

一九二九年

◆

我覺得我的哲學思考方式一直都是新的，也一再在更新，也因為如此，我必須一再重複自己的思考。對於另一個世代而言，那早就深植於他們的血肉裡，因而會對於我的一再重複感到厭煩。可是對我而言，那是有必要的。

◆

我沒有隨波逐流，那對我是一件好事。

◆

一個好的譬喻可以讓知性煥然一新。

◆

我們很難對一個近視的人描述一條道路。因為我們沒辦法對他說：「瞧瞧十英里外的那座教堂塔樓，你就朝著那個方向走吧。」

◆

In keiner religiösen Konfession ist soviel durch den Mißbrauch metaphysischer Ausdrücke gesündigt worden, wie in der Mathematik.

◆

Der menschliche Blick hat es an sich, daß er die Dinge kostbar machen kann, allerdings werden sie dann auch teurer.

◆

Laß nur die Natur sprechen und über der Natur kenne nur *ein* höheres, aber nicht das, was die anderen denken könnten.

◆

Die Tragödie besteht darin, daß sich der Baum nicht biegt, sondern bricht. Die Tragödie ist etwas unjüdisches. Mendelssohn ist wohl der untragischste Komponist.

◆

Jeden Morgen muß man wieder durch das tote Gerölle dringen, um zum lebendigen, warmen Kern zu kommen.

◆

Ein neues Wort ist wie ein frischer Same, der in den Boden der Diskussion geworfen wird.

◆

Mit dem vollen philosophischen Rucksack kann ich nur langsam den Berg der Mathematik steigen.

◆

任何宗教告解所犯的誤用形上學語詞的罪，都沒有數學來得多。

◆

人的眼光總是有辦法看出事物的價值，卻也因而使事物變得更貴了。

◆

我們就只讓自然說話，只承認有**一個**事物高於自然，但不是別人想得到的東西。

◆

悲劇是樹木的寧折不屈。悲劇是不屬於猶太人的。孟德爾頌大概是最不具悲劇性格的作曲家。

◆

人們每天早上都必須重新走過死寂的瓦礫堆，才能來到生氣盎然而溫暖的核心。

◆

一個新詞就像一顆新鮮的種子似的，它被播種在討論的土壤上。

◆

背負著滿滿的哲學行囊，我只能慢慢地爬上數學的山。

♦

Mendelssohn ist nicht eine Spitze, sondern eine Hochebene. Das englische an ihm.

♦

Niemand kann einen Gedanken für mich denken, wie mir niemand als ich den Hut aufsetzen kann.

♦

Wer ein Kind mit Verständnis schreien hört, der wird wissen, daß andere seelische Kräfte, furchtbare, darin schlummern, als man gewöhnlich annimmt. Tiefe Wut und Schmerz und Zerstörungsucht.

♦

Mendelssohn ist wie ein Mensch, der nur lustig ist, wenn alles ohnehin lustig ist, oder gut, wenn alle um ihn gut sind, und nicht eigentlich wie ein Baum, der fest steht, wie er steht, was immer um ihn vorgehen mag. Ich selber bin auch so ähnlich und neige dazu, es zu sein.

♦

Mein Ideal ist eine gewisse Kühle. Ein Tempel, der den Leidenschaften als Umgebung dient, ohne in sie hineinzureden.

♦

Ich denke oft darüber, ob mein Kulturideal ein neues, d.h. ein zeitgemäßes oder eines aus der Zeit Schumanns ist. Zum mindesten scheint es mir eine Fortsetzung dieses Ideals zu sein, und zwar nicht die

孟德爾頌不是尖峰，而是一片高原。他身上有英國的味道。

◆

　　沒有人可以為我思考，正如沒有人可以為我戴上帽子一樣。

◆

　　但凡人聽到一個孩子的叫喊並且知道那是什麼意思，他會明白其中有不同於一般人所想像的可怕的心理力量。深不可測的憤怒、痛苦以及破壞欲。

◆

　　孟德爾頌是那種身邊的人都開心了他才會開心、周遭的人都過得好他才會過得好的人，他並不像一株不管周圍任何境況都自顧自地佇立的樹木。我自己也很類似，也想要做個那樣的人。

◆

　　我的理想有點淡漠。一座神殿，它為種種激情提供一個環境，卻不去干預它們。

◆

　　我不時在想，我的文化理想是不是新的東西，是不是時下流行的，或者是源自舒曼那個時代的理想。至少我覺得是那個理想的薪盡火傳，儘管不是真正延續當時的理想。也就是說，它到了十九世

Fortsetzung, die es damals tatsächlich erhalten hat. Also unter Ausschluß der zweiten Hälfte des 19. Jahrhunderts. Ich muß sagen, daß das rein instinktmäßig so geworden ist, und nicht als Resultat einer Überlegung.

◆

Wenn wir an die Zukunft der Welt denken, so meinen wir immer den Ort, wo sie sein wird, wenn sie so weiter läuft, wie wir sie jetzt laufen sehen, und denken nicht, daß sie nicht gerade läuft, sondern in einer Kurve, und ihre Richtung sich konstant ändert.

◆

Ich glaube, das gute Österreichische (Grillparzer, Lenau, Bruckner, Labor) ist besonders schwer zu verstehen. Es ist in gewissem Sinne *subtiler* als alles andere, und seine Wahrheit ist nie auf Seiten der Wahrscheinlichkeit.

◆

Wenn etwas gut ist, so ist es auch göttlich. Damit ist seltsamerweise meine Ethik zusammengefaßt.

Nur das übernatürliche kann das Übernatürliche ausdrücken.

◆

Man kann die Menschen nicht zum Guten führen; man kann sie nur

紀下半葉就失傳了。我必須說它的形成是完全本能性的，而不是思慮的結果。

♦

當我們思考世界的未來，我們總是意指著，如果它照著我們現在看到的走向，有一天會走到哪個地方，我們不認為它是在筆直地前進，而是一條曲線，而它的方向也一直在改變。

♦

我相信好的奧地利作品（格里帕策[1]、勒瑙[2]、布魯克納〔Anton Bruckner, 1824-1896〕、拉伯[3]）特別難懂。在某個意義下，它比所有其他作品都更**細膩**，而它的真理的可能性也不大。

♦

凡是善的也都是神性的。說也奇怪，這就是我的倫理學的總結。

唯有超自然的事物（das übernatürliche）才能表述超越自然者（das Übernatürliche）。

♦

我們沒辦法引領人們走向善，我們只能引領他們走到某個地

1　譯注：格里帕策（Franz Seraphicus Grillparzer, 1791-1872），奧地利詩人和劇作家。

2　譯注：勒瑙（Nikolaus Lenau, 1802-1850），奧地利浪漫主義後期的抒情詩人。

3　譯注：拉伯（Josef Paul Labor, 1842-1924），奧地利浪漫主義後期的鋼琴家和作曲家。他也是哥哥保羅‧維根斯坦的鋼琴老師，保羅在戰爭中失去右手，他為保羅創作了由左手演奏的鋼琴協奏曲。維根斯坦讚美拉伯說是「六位真正的作曲家」之一：莫扎特、海頓、貝多芬、舒伯特和布拉姆斯以及拉伯。

irgendwohin führen. Das Gute liegt außerhalb des Tatsachenraums.

1930

♦

Ich sagte neulich zu Arvid, mit dem ich im Kino einen uralten Film gesehen hatte: Ein jetziger Film verhielte sich zum alten, wie ein heutiges Automobil zu einem von vor 25 Jahren. Er wirkt ebenso lächerlich und ungeschickt, wie dieses und die Verbesserung des Films entspricht einer technischen Verbesserung, wie der des Automobils. Sie entspricht nicht der Verbesserung - wenn man das so nennen darf - eines Kunststils. Ganz ähnlich müßte es auch in der modernen Tanzmusik gehen. Ein Jazztanz müßte sich verbessern lassen, wie ein Film. Das, was alle diese Entwicklungen von dem Werden eines *Stils* unterscheidet, ist die Unbeteiligung des Geistes.

♦

Ich habe einmal, und vielleicht mit Recht, gesagt: Aus der früheren Kultur wird ein Trümmerhaufen und am Schluß ein Aschenhaufen werden, aber es werden Geister über der Asche schweben.

♦

Der Unterschied zwischen einem guten und einem schlechten Architekten besteht heute darin, daß dieser jeder Versuchung erliegt,

方。善是在事實的空間之外的。

一九三〇年

◆

　有一次，我和阿維德（Arvid Sjögren）[4]一起去電影院看一部老片，後來我跟他說：現在的電影之於老片，就像現在的汽車之於二十五年前的汽車。它看起來可笑而笨拙，電影技術的革新也和汽車工藝的革新殊無二致。它和所謂的藝術風格的革新無關。現代的舞曲也是如此。就像電影一樣，爵士舞也是有待改進的。所有這些發展和一個**風格**的形成的差別，就在於心靈不再扮演任何角色。

◆

　我有一次提到說，而且也許是有道理的：往昔的文明變成了瓦礫堆，到頭來更成為一堆灰燼，可是幽靈會在灰燼上方翱翔。

◆

　現在一個好的建築師和差勁的建築師的區別在於，差勁的建築師會屈服於誘惑，而好的建築師則不為所動。

4　譯注：阿維德是蜜瑪·休格蘭（Mima Sjögren）的次子，他們家都為維根斯坦的父親卡爾（Karl）工作，維根斯坦和阿維德是好朋友，兩人有六十多封的信件往來。

während der rechte ihr standhält.

◆

Die Lücke, die der Organismus des Kunstwerks aufweist, will man mit Stroh ausstopfen, um aber das Gewissen zu beruhigen, nimmt man das *beste* Stroh.

◆

Wenn Einer die Lösung des Problems des Lebens gefunden zu haben glaubt, und sich sagen wollte, jetzt ist alles ganz leicht, so brauchte er sich zu seiner Widerlegung nur erinnern, daß es eine Zeit gegeben hat, wo diese "Lösung" nicht gefunden war; aber auch zu *der* Zeit mußte man leben können, und im Hinblick auf sie erscheint die gefundene Lösung wie ein Zufall. Und so geht es uns in der Logik. Wenn es eine "Lösung" der logischen (philosophischen) Probleme gäbe, so müßten wir uns nur vorhalten, daß sie ja einmal nicht gelöst waren (und auch da mußte man leben und denken können).

◆

Engelmann sagte mir, wenn er zu Hause in seiner Lade voll von seinen Manuskripten krame, so kämen sie ihm so wunderschön vor, daß er denke, sie wären es wert, den anderen Menschen gegeben zu werden. (Das sei auch der Fall, wenn er Briefe seiner verstorbenen Verwandten durchsehe.) Wenn er sich aber eine Auswahl davon herausgegeben denkt, so verliere die Sache jeden Reiz und Wert und werde unmöglich.

◆

　　藝術作品的有機體出現的漏洞，人們會用麥稈把它填補起來，然而若是要安撫一個人的良心，人們會用**最好**的麥稈。

◆

　　如果有人認為他找到了人生難題的答案，而且想要告訴自己說現在一切都會迎刃而解，那麼他只要想起一件事就可以反駁他自己：曾經有一段日子，人們根本找不到任何「答案」，然而就算是在**那段**日子裡，人還是要活下去，就那些日子而言，他找到的答案似乎只是碰運氣的。邏輯研究也是如此。如果說邏輯（以及哲學）的難題有個「答案」的話，我們要警惕自己說，以前它們根本沒有答案（而當時的人們還是必須生活和思考）。

◆

　　英格曼[5]對我說，當他在家裡塞滿了自己的手稿的抽屜翻找東西，有個奇妙的想法襲上心頭，他想到如果把它們公諸於世，或許是一件有價值的事。（就算是在讀一個死去的親友的信。）可是當他在思考該挑選哪些東西出版的時候，整件事突然變得索然無味而沒有價值，於是頹然作罷。我說，以下的情況也是如此：當我們看到一個人在做一件相當例行性的事而自以為沒有人注意到，那或許

―――――――――

5　譯注：保羅・英格曼（Paul Englemann, 1891-1965），奧地利建築師，和維根斯坦是好朋友，一九二五年，維根斯坦的姐姐瑪格麗特（Margaret Stonborough-Wittgenstein）請他和維根斯坦在維也納一起設計建造一棟現代主義風格的房子而傳為佳話。

Ich sagte, wir hatten hier einen Fall ähnlich folgendem: Es könnte nichts merkwürdiger sein, als einen Menschen bei irgend einer ganz einfachen alltäglichen Tätigkeit, wenn er sich unbeobachtet glaubt, zu sehen. Denken wir uns ein Theater, der Vorhang ginge auf und wir sähen einen Menschen allein in seinem Zimmer auf und ab gehen, sich eine Zigarette anzünden, sich niedersetzen, u.s.f., so, daß wir plötzlich von außen einen Menschen sähen, wie man sich sonst nie sehen kann; wenn wir quasi ein Kapitel einer Biographie mit eigenen Augen sähen, -das müßte unheimlich und wunderbar zugleich sein. Wunderbarer als irgend etwas, was ein Dichter auf der Bühne spielen oder sprechen lassen könnte, wir würden das Leben selbst sehen. - Aber das sehen wir ja alle Tage, und es macht uns nicht den mindesten Eindruck! Ja, aber wir sehen es nicht in *der* Perspektive. - So, wenn E. seine Schriften ansieht und sie wunderbar findet (die er doch einzeln nicht veröffentlichen möchte), so sieht er sein Leben als ein Kunstwerk Gottes, und als das ist es allerdings betrachtens-wert, jedes Leben und Alles. Doch kann nur der Künstler das Einzelne so darstellen, daß es uns als Kunstwerk erscheint; jene Manuskripte verlieren *mit Recht* ihren Wert, wenn man sie einzeln, und überhaupt, wenn man sie *unvoreingenommen*, das heißt, ohne schon vorher begeistert zu sein, betrachtet. Das Kunstwerk zwingt uns - sozusagen - zu der richtigen Perspektive, ohne die Kunst aber ist der Gegenstand ein Stück Natur, wie jedes andre, und daß *wir* es durch die Begeisterung erheben können, das

是再好玩不過的事了。我們想像一個劇院，布幕拉起來，我們看到一個人獨自在房間裡來回踱步，點了一根菸，坐了下來之類的，突然之間，我們就像是從外部觀看一個人，而我們從來都無法如此自我觀照；那就像是用我們自己的眼睛看到人生傳記的一個篇章——那應該是既詭異又美妙的事吧。那比任何劇作家在舞台上編寫的台詞或動作都更加美妙，我們看到了人生本身——可是我們其實每天都看到它，卻一點印象也沒有！的確，然而我們並沒有就**那個**視角去看。——所以說，當他看到他的稿子而覺得很奇妙（即使他不想出版其中某一篇），他是把他的人生視為神的藝術作品，就此而言，它當然是和所有的生命以及萬事萬物一樣值得沉思。可是唯有藝術家才有辦法把個別事物表現成一個藝術作品；如果一個人個別地思考每一份手稿，如果他沒有任何**預設立場**，也就是說，沒有預先懷著任何興奮之情，那麼任何手稿**當然**都會失去價值。藝術作品會使我們不得不採取一個——所謂的——正確的視角，如果沒有藝術，對象就只是一個自然事物而已，和其他對象沒什麼兩樣；我們會因為興奮之情而對它另眼看待，但是別人並不因此就有權力把它展現在我們面前。（我不由得一再想到那種單調乏味的自然攝影，身歷其境而且深有所感的人興致勃勃地拍攝它；可是別人當然有理由冷漠以對，如果說冷漠地觀照一個事物是合理的的話。）

berechtigt niemand es uns vorzusetzen. (Ich muß immer an eine jener faden Naturaufnahme[n] denken, die der, der sie aufgenommen interessant findet, weil er dort selbst war, etwas erlebt hat; der Dritte aber mit berechtigter Kälte betrachtet, wenn es überhaupt gerechtfertigt ist, ein Ding mit Kälte zu betrachten.)

Nun scheint mir aber, gibt es außer der Arbeit des Künstlers noch eine andere, die Welt sub specie aeterni einzufangen. Es ist - glaube ich - der Weg des Gedankens, der gleichsam über die Welt hinfliege und sie so läßt, wie sie ist - sie von oben vom Fluge betrachtend.

♦

Ich lese in Renans 'Peuple d'Israël': "La naissance, la maladie, la mort, le délire, la catalepsie, le sommeil, les rêves frappaient infiniment, et, même aujourd'hui, il n'est donné qùà un petit nombre de voir claire-ment que ces phénomènes ont leurs causes dans notre organisation."

Im Gegenteil, es besteht gar kein Grund, sich über diese Dinge zu wundern, weil sie so alltäglich sind. Wenn sich der primitive Mensch über sie wundern *muß*, wieviel mehr der Hund und der Affe. Oder nimmt man an, daß die Menschen quasi plötzlich aufgewacht sind, und diese Dinge, die schon immer da waren, nun plötzlich bemerken und begrei-flicherweise erstaunt waren? - Ja, etwas Ähnliches könnte man sogar

可是對我而言，除了藝術家的工作之外，另外還有個「在永恆的形相下」[6]捕捉自然的方式。那種觀照的方式——我相信——宛若翱翔在世界之上，任由世界如其所是——在飛翔當中如是觀照它。

◆

我在勒南的《以色列的歷史》[7]裡讀到：「出生、疾病、死亡、瘋狂、強直性昏厥、睡眠和夢境，都會讓人心旌搖曳而難以自已，至今也只有少數人知道這些現象都只是我們身體構造導致的。」

剛好相反，我們根本沒有理由對於這些事大驚小怪，因為它們都是行住坐臥之間的事。如果說原始民族都那麼大驚小怪，那麼狗和猴子豈不是更加驚嚇？或者我們假定一個人驀地醒來，突然察覺到那些事物原來一直都存在，因而驚駭不已？——是的，其實我們可以如此假設；但那並不是因為他們第一次察覺到它們的存在，而是因為他們突然對它們感到驚奇。而這和他們是不是原始民族一點

6　譯注：「在永恆的形相之下」，或譯為「在永恆的觀點之下」，維根斯坦是引用自叔本華，而叔本華則是借用自斯賓諾沙，意思是把世界當作一個整體來看。見：《邏輯哲學論叢》6.45：「在永恆形相之下，去觀照世界，意思就是說觀照世界為整體——一個有限的整體。感覺世界為有限的整體，就是奧祕。」

7　譯注：勒南（Joseph Ernest Renan, 1823-1892），法國宗教史家，東方學家，語言學家。《耶穌傳》（Vie de Jésus, 1863）是他最著名的作品。

annehmen; aber nicht, daß sie diese Dinge zum erstenmal wahrnehmen, sondern, daß sie plötzlich anfangen, sich über sie zu wundern. Das aber hat wieder nichts mit ihrer Primitivität zu tun. Es sei denn, daß man es primitiv nennt, sich nicht über die Dinge zu wundern, dann aber sind gerade die heutigen Menschen und Renan selbst primitiv, wenn er glaubt, die Erklärung der Wissenschaft könne das Staunen heben.

Als ob der Blitz heute alltäglicher oder weniger staunenswert wäre als vor 2000 Jahren.

Zum Staunen muß der Mensch - und vielleicht Völker - aufwachen. Die Wissenschaft ist ein Mittel um ihn wieder einzuschläfern.

D.h., es ist einfach falsch zu sagen: Natürlich, diese primitiven Völker *mußten* alle Phänomene anstaunen. Vielleicht aber richtig, diese Völker *haben* alle Dinge ihrer Umgebung angestaunt. - Daß sie sie anstaunen mußten, ist ein primitiver Aberglaube. (Wie der, daß sie sich vor allen Naturkräften fürchten *mußten*, und wir uns natürlich nicht fürchten brauchen. Aber die Erfahrung mag lehren, daß gewisse primitive Stämme sehr zur Furcht vor den Naturphänomenen neigen. - Es ist aber nicht ausgeschlossen, daß *hoch*zivilisierte Völker wieder zu eben dieser Furcht neigen werden, und ihre Zivilisation und die wissenschaftliche Kenntnis kann sie nicht davor schützen. Freilich ist es wahr, daß der *Geist*, in dem die Wissenschaft heute betrieben wird, mit einer solchen Furcht nicht vereinbar ist.)

關係也沒有。除非我們所謂「原始」的意思就是對於事物不會感到驚奇，如此一來，現代人和勒南自己也都是原始人了，如果我們相信科學的解釋可以讓人不再那麼驚駭的話。

　　那就像是說現在的閃電更加司空見慣，或至少沒有兩千年以前那麼讓人驚奇。

　　人只有俄然覺醒才會感到驚駭——民族或許也是如此。科學就是要讓他再度入睡的方法。

　　換句話說，「當然，這些原始民族**當然**會對所有現象感到驚奇」，這是個錯誤的說法。或許原始民族**的確**對於周遭事物感到驚奇——我們認定他們會感到驚奇，這個假定本身其實就是個原始的迷信。（那就像是認定他們都會畏懼所有自然力量，而我們**當然**沒有必要害怕。然而就算這個經驗告訴我們有若干原始部落有害怕所有自然力量的傾向——我們不能因此就排除**高度**文明的民族也會再度陷於這種恐懼之中。不管是他們的文明或科學，都無法保護他們免於這種恐懼。當然，現在的科學研究所秉持的**精神**和這種恐懼是不相容的。）

♦

Wenn Renan vom 'bon sens précoce' der semitischen Rassen spricht (eine Idee, die mir vor langer Zeit schon vorgeschwebt ist), so ist das das *Undichterische*, unmittelbar auf's Konkrete gehende. Das, was meine Philosophie bezeichnet.

Die Dinge liegen unmittelbar da vor unsern Augen, kein Schleier über ihnen. - Hier trennen sich Religion und Kunst.

♦

Zu einem Vorwort:

Dieses Buch ist für diejenigen geschrieben, die dem Geist, in dem es geschrieben ist, freundlich gegenüberstehen. Dieser Geist ist, glaube ich, ein anderer als der des großen Stromes der europäischen und amerikanischen Zivilisation. Der Geist dieser Zivilisation, dessen Ausdruck die Industrie, Architektur, Musik, der Faschismus und Sozialismus unserer Zeit ist, ist dem Verfasser fremd und unsympathisch. Dies ist kein Werturteil. Nicht, als ob er glaubte, daß was sich heute als Architektur ausgibt, Architektur wäre, und nicht, als ob er dem, was moderne Musik heißt, nicht das größte Mißtrauen entgegenbrächte (ohne ihre Sprache zu verstehen), aber das Verschwinden der Künste rechtfertigt kein absprechendes Urteil über eine Menschheit. Denn echte und starke Naturen wenden sich eben in dieser Zeit von dem Gebiet der

　　當勒南談到閃族的「早熟的常識」（我很早以前就浮現了這個想法）時，他指的是他們的「**欠缺詩意**」，也就是直接地實事求是。而這正是我的哲學的寫照。

　　事物直接擺在我們眼前，沒有任何遮蔽物——而這就是宗教和藝術的分水嶺。

◆

一篇前言的初稿：

　　這本書是寫給那些認同本書寫作精神的人們的。我相信這個精神有別歐美文明的巨流。這個文明的精神表現在我們這個時代的工業、建築、音樂、法西斯主義和社會主義裡，對於作者而言既陌生又可憎。那並不是什麼價值判斷。那並不是說他相信現在所說的建築就是建築，也不是說他沒有強烈懷疑所謂的現代音樂（儘管他不懂它的語言），但是藝術的消失並不能正當化對於人類的輕蔑評斷。因為在這個時代裡，真誠而優秀的人會拋下藝術領域，投身到其他事物，以體現個人的價值。那當然有別於偉大文明的時代。文明就像是個巨大的組織，它會指派每個成員一個位置，好讓他依據全體的精神工作，也可以依據他對於全體的貢獻合理評估他的力量。在一個不文明的時代裡，力量分散了，個人的力量被阻力和摩擦力消耗殆盡，在行經的軌跡上沒有任何表現，而只有因為克服摩

Künste ab, und anderen Dingen zu, und der Wert des Einzelnen kommt irgendwie zum Ausdruck. Freilich nicht wie zur Zeit einer großen Kultur. Die Kultur ist gleichsam eine große Organisation, die jedem, der zu ihr gehört, seinen Platz anweist, an dem er im Geist des Ganzen arbeiten kann, und seine Kraft kann mit großem Recht an seinem Erfolg im Sinne des Ganzen gemessen werden. Zur Zeit der Unkultur aber zersplittern sich die Kräfte und die Kraft des Einzelnen wird durch entgegengesetzte Kräfte und Reibungswiderstände verbraucht, und kommt nicht in der Länge des durchlaufenen Weges zum Ausdruck, sondern vielleicht nur in der Wärme, die er beim Überwinden der Reibungswiderstände erzeugt hat. Aber Energie bleibt Energie, und wenn so das Schauspiel, das dieses Zeitalter bietet, auch nicht das des Werdens eines großen Kulturwerkes ist, in dem die Besten dem gleichen großen Zweck zuarbeiten, sondern das wenig imposante Schauspiel einer Menge, deren Beste nur privaten Zielen nachstreben, so dürfen wir nicht vergessen, daß es auf das Schauspiel nicht ankommt.

Ist es mir so klar, daß das Verschwinden einer Kultur nicht das Verschwinden menschlichen Wertes bedeutet, sondern bloß gewisser Ausdrucksmittel dieses Werts, so bleibt dennoch die Tatsache bestehen, daß ich dem Strom der europäischen Zivilisation ohne Sympathie zusehe, ohne Verständnis für die Ziele, wenn sie welche hat. Ich schreibe also eigentlich für Freunde, welche in Winkeln der Welt verstreut sind.

擦力而產生的熱。然而能量依舊是能量，就算這個時代提供我們的不是形成一部偉大作品的場景，在其中，最優秀的人都會成就同樣氣度恢弘的事業，而是一個沒有那麼壯觀的群眾場景，在其中，最優秀的人只會追求個人的成就。所以說，我們不要忘記了，重點其實不在於場景。

我知道一個文明的隕歿並不意味著人性價值的消失，而只是少了某個表現價值的方式，然而不變的事實是，我並不認同歐洲文明的潮流，也不明白它的目標是什麼，如果它真的有個目的地的話。所以我其實是寫給離散在世界各個角落的人們的。[8]

---

8 譯注：本文是維根斯坦為其《哲學評論》（*Philosophische Bermerkungen*）撰寫的前言，和死後出版的《哲學評論》前言版本出入很大。

Ob ich von dem typischen westlichen Wissenschaftler verstanden oder geschätzt werde, ist mir gleichgültig, weil er den Geist, in dem ich schreibe, doch nicht versteht. Unsere Zivilisation ist durch das Wort 'Fortschritt' charakterisiert. Der Fortschritt ist ihre Form, nicht eine ihrer Eigenschaften, daß sie fortschreitet. Sie ist typisch aufbauend. Ihre Tätigkeit ist es, ein immer komplizierteres Gebilde zu konstruieren. Und auch die Klarheit dient doch nur wieder diesem Zweck und ist nicht Selbstzweck. Mir dagegen ist die Klarheit, die Durchsichtigkeit, Selbstzweck.

Es interessiert mich nicht, ein Gebäude aufzuführen, sondern die Grundlagen der möglichen Gebäude durchsichtig vor mir zu haben.

Mein Ziel ist also ein anderes als das der Wissenschaftler, und meine Denkbewegung von der ihrigen verschieden.

◆

Jeder Satz, den ich schreibe, meint immer schon das Ganze, also immer wieder dasselbe und es sind gleichsam nur Ansichten eines Gegenstandes unter verschiedenen Winkeln betrachtet.

◆

Ich könnte sagen: Wenn der Ort, zu dem ich gelangen will, nur auf einer Leiter zu ersteigen wäre, gäbe ich es auf, dahin zu gelangen. Denn dort, wo ich wirklich hin muß, dort muß ich eigentlich schon sein.

Was auf einer Leiter erreichbar ist, interessiert mich nicht.

我並不在乎典型的西方科學家是否理解或重視我，因為他們不懂我的寫作精神。「進步」這個語詞是我們文明的特徵。進步是它的形式，而不是使它進步的屬性之一。它的建構是很典型的。它汲汲於打造更加複雜的結構。就連清晰性也只是為了這個目的，而不是目的本身。對我而言則不然，清晰性，透明性，才是目的本身。

我沒有興趣打造一個建築，而只是要看清楚可能的建築的基礎。

所以說，我的目標不同於科學家，而我的思路也和他們截然不同。

◆

我寫下的每個句子，都在訴說整體，也就是說，我一直在說同樣的事，它們就像是以不同的角度思考對於一個對象的種種觀點。

◆

我或許可以說：如果說我想到達的地方只能爬梯子上去，那麼我會放棄。因為我真正必須到達的地方，應該已經在我腳下了。

至於順著梯子可以到達什麼地方，我也不感興趣。

◆

Die erste Bewegung reiht einen Gedanken an den anderen, die andere zielt immer wieder nach demselben Ort.

◆

Die eine Bewegung baut und nimmt Stein auf Stein in die Hand, die andere greift immer wieder nach demselben.

◆

Die Gefahr eines langen Vorworts ist die, daß der Geist eines Buchs sich in diesem zeigen muß, und nicht beschrieben werden kann. Denn ist ein Buch nur für wenige geschrieben, so wird sich das eben dadurch zeigen, daß nur wenige es verstehen. Das Buch muß automatisch die Scheidung derer bewirken, die es verstehen, und die es nicht verstehen. Auch das Vorwort ist eben für die geschrieben, die das Buch verstehen.

Es hat keinen Sinn jemandem etwas zu sagen, was er nicht versteht, auch wenn man hinzusetzt, daß er es nicht verstehen kann. (Das geschieht so oft mit einem Menschen, den man liebt.)

Willst Du nicht, daß gewisse Menschen in ein Zimmer gehen, so hänge ein Schloß vor, wozu sie keinen Schlüssel haben. Aber es ist sinnlos, darüber mit ihnen zu reden, außer Du willst doch, daß sie das Zimmer von außen bewundern!

◆

Anständigerweise, hänge ein Schloß vor die Türe, das nur denen

第一步是把思考串接在一起，接下來則是堅持瞄準同一個地方。

◆

　　一個動作是建造，把石頭一顆顆拿在手裡，另一個動作則是一再重複同一件事。

◆

　　一篇冗長的前言有個危險，那就是一本書的精神只能在書裡透顯，而沒辦法描述。因為如果一本書是為了少數人而寫的，那麼也會表現在只有少數人才看得懂的這個事實裡。書會自動區分看得懂的人和看不懂的人。就連前言也是為了看得懂這本書的人寫的。

　　對一個人說他無法理解的事，那是沒有意義的，即便你補充說他其實聽不懂。（這種事在我們所愛的人們身上屢見不鮮。）

　　如果不想讓某些人走進一個房間，你會掛上一個鎖，而他們也沒有鑰匙。然而如此一來，對他們談論那個房間則是無意義的事，除非你只是要他們從外面讚美它！

◆

　　在門上掛一個鎖而不失風度的方法，那就是讓打得開的人注意

auffällt, die es öffnen können, und den andern nicht.

Aber es ist richtig zu sagen, daß das Buch, meiner Meinung nach, mit der fortschreitenden europäischen und amerikanischen Zivilisation nichts zu tun hat.

Daß diese Zivilisation vielleicht die notwendige Umgebung dieses Geistes ist, aber daß sie verschiedene Ziele haben.

Alles rituelle (quasi Hohepriesterische) ist streng zu vermeiden, weil es unmittelbar in Fäulnis übergeht.

Ein Kuß ist freilich auch ein Ritus und er fault nicht, aber eben nur soviel Ritus ist erlaubt, als so echt ist, wie ein Kuß.

♦

Es ist eine große Versuchung den Geist explizit machen zu wollen.

♦

Wo man an die Grenze seiner eigenen Anständigkeit stößt, dort entsteht quasi ein Wirbel der Gedanken, ein endloser Regreß: Man mag *sagen*, was man will, es führt einen nicht weiter.

♦

Ich lese in Lessing (über die Bibel): "Setzt hierzu noch die Einkleidung und den Stil ..., durchaus voll Tautologien, aber solchen, die den Scharfsinn üben, indem sie bald etwas anderes zu sagen scheinen, und doch das nämliche sagen, bald das nämliche zu sagen scheinen, und im Grunde etwas anderes bedeuten oder bedeuten können."

到它，而打不開的人則察覺不到。

可是我應該說，在我看來，這本書和歐美的進步文明一點關係
也沒有。

這個文明或許是我的寫作精神的必要環境，但是它們的目標並
不相同。

所有儀式性的東西（大祭司之類的）都要盡量避免，因為它會
立即腐敗變質。

親吻當然也是儀式，也永遠不會變質，但是唯有像親吻那樣真
誠的儀式才可以。

◆

人會想要顯揚精神，那是個巨大的誘惑。

◆

當人觸及正直的界限，思考就會陷入一個漩渦，一個無窮回
溯：你想**說**什麼就說什麼，反正你不會因此就推論出什麼來。

◆

讀到萊辛（關於聖經）的一段話：「再加上外衣和風格……充
滿了種種同語反覆，可是它們可以用來訓練人的洞察力，有時候似
乎說的是其他東西，其實是一樣的東西，有時候似乎說的是相同的
事物，實則基本上意指的或可能意指的是別的事物。」[9]

---

9 譯注：指《論人類的教育》（Gotthold Ephraim Lessing, *Die Erziehung des Menschengeachlecht*,
48-49）。

◆

Wenn ich nicht recht weiß, wie ein Buch anfangen, so kommt das daher, daß noch etwas unklar ist. Denn ich möchte mit dem der Philosophie gegebenen, den geschriebenen und gesprochenen Sätzen, quasi den Büchern, anfangen.

Und hier begegnet man der Schwierigkeit des "Alles fließt". Und mit ihr ist vielleicht überhaupt anzufangen.

◆

Wer seiner Zeit nur voraus ist, den holt sie einmal ein.

1931

◆

Die Musik scheint manchem eine primitive Kunst zu sein, mit ihren wenigen Tönen und Rhythmen. Aber einfach ist nur ihre Oberfläche, während der Körper, der die Deutung dieses manifesten Inhalts ermöglicht, die ganze unendliche Komplexität besitzt, die wir in dem Äußeren der anderen Künste angedeutet finden, und die die Musik verschweigt. Sie ist in gewissem Sinne die raffinierteste aller Künste.

◆

Es gibt Probleme, an die ich nie herankomme, die nicht in meiner Linie oder in meiner Welt liegen. Probleme der abendländischen

◆

　　如果說我不知道怎麼寫開場白，那是因為有些事我還沒有搞清楚。因為我想要以哲學裡既有的、寫過也說過的句子，也就是那些書，當作我的開場白。

　　於是我們在這裡遇到了「萬物流轉」的難題。或許我們就以此為起點吧。

◆

　　就算一個人超越了時代，有一天時代也會趕上他的。

一九三一年

◆

　　對於某些人而言，音樂似乎是個原始藝術，因為它只有一些音調和節奏。可是它只是表面上簡單而已，而我們據以詮釋其層出不窮的內容的構造，它擁有我們在所有其他藝術外部找得到的無限複雜性，而這個複雜性正是音樂祕而不宣的。在某個意義下，它是最優雅的藝術。

◆

　　有些問題是我從來沒有觸及的，它們不在我的道路上，也不屬於我的世界。貝多芬（歌德或許也有一部分）在處理且對抗的西方

Gedankenwelt, an die Beethoven (und vielleicht teilweise Goethe) herangekommen ist, und mit denen er gerungen hat, die aber kein Philosoph je angegangen hat (vielleicht ist Nietzsche an ihnen vorbeigekommen). Und vielleicht sind sie für die abendländische Philosophie verloren, d.h., es wird niemand da sein, der den Fortgang dieser Kultur als Epos empfindet, also beschreiben kann. Oder richtiger, sie ist eben kein Epos mehr, oder doch nur für den, der sie von außen betrachtet, und vielleicht hat dies Beethoven vorschauend getan (wie Spengler einmal andeutet). Man könnte sagen, die Zivilisation muß ihren Epiker voraushaben. Wie man den eigenen Tod nur voraussehen und vorausschauend beschreiben, nicht als Gleichzeitiger von ihm berichten kann. Man könnte also sagen: Wenn Du das Epos einer ganzen Kultur beschrieben sehen willst, so mußt Du es unter den Werken der größten dieser Kultur, also zu einer Zeit, suchen, in der das Ende dieser Kultur nur hat *voraus*gesehen werden können, denn später ist niemand mehr da es zu beschreiben. Und so ist es also kein Wunder, wenn es nur in der dunklen Sprache der Vorausahnung geschrieben ist und für die Wenigsten verständlich.

◆

Ich aber komme zu diesen Problemen überhaupt nicht. Wenn ich "have done with the world", so habe ich eine amorphe (durchsichtige) Masse geschaffen, und die Welt mit ihrer ganzen Vielfältigkeit bleibt, wie eine uninteressante Gerümpelkammer, links liegen.

思想世界的難題，是任何哲學家都不曾遭遇到的（也許尼采曾經和它們擦身而過）。或許對於西方哲學而言，它們已經遺失了，也就是說，沒有人會感覺到這個文明的進程是個史詩，也就是說，沒有人可以描述它。或者更正確地說，它早就不再是個史詩，或者只有外部觀察者才會把它視為史詩，而或許貝多芬就曾經以其先見之明這麼做了（正如史賓格勒所影射的）。或許有人會說，一個文明應該領先於其史詩作者。正如人只能預想自己的死亡，以預見的方式描述它，而沒辦法即時報導它。或許也有人會說：如果你要看一個史詩如何描寫一整個文明，那麼你應該找那個文明（也就是那個時代）最偉大的人們的作品，在那些作品裡，他們也只能以預見的方式描述那個文明的隕歿，因為接下來再也沒有人可以訴說它了。所以難怪他們只能以曖昧不清的預言式語言寫作，而且也只有少數人理解。

◆

可是我根本沒有遭遇到這些難題。如果說「我和世界斷絕關係」，那麼我就已經創造了一個無定形（透明）的物質，把世界及其森羅萬象擺在一旁，就像是無關緊要的垃圾間。

Oder vielleicht richtiger: das ganze Resultat der ganzen Arbeit ist das Linksliegenlassen der Welt. (Das In-die-Rumpelkammer-werfen der ganzen Welt.)

♦

Eine Tragik gibt es in dieser Welt (der meinen) nicht, und damit all das Unendliche nicht, was eben die Tragik (als Ergebnis) hervorbringt.

Es ist sozusagen alles in dem Weltäther löslich; es gibt keine Härten.

Das heißt, die Härte und der Konflikt wird nicht zu etwas Herrlichem, sondern zu einem *Fehler.*

♦

Der Konflikt löst sich etwa, wie die Spannung einer Feder in einem Mechanismus, den man schmilzt (oder in Salpetersäure auflöst). In dieser Lösung gibt es keine Spannungen mehr.

♦

Wenn ich sage, daß mein Buch nur für einen kleinen Kreis von Menschen bestimmt ist (wenn man das einen Kreis nennen kann), so will ich damit nicht sagen, daß dieser Kreis, meiner Auffassung nach, die Elite der Menschheit ist, aber es sind die Menschen, an die ich mich wende (nicht weil sie besser oder schlechter sind als die andern, sondern), weil sie mein Kulturkreis sind, gleichsam die Menschen meines Vaterlandes, im Gegensatz zu den anderen, die mir *fremd* sind.

或者可以更正確地說：整個工作的結果就是把世界擺在一旁。
（把整個世界都扔到垃圾間。）

♦

在（我的）這個世界裡並沒有悲劇，導致悲劇（作為其結果）
的，也不是所有無窮盡的周遭事物。

那就像是說，在世界以太裡，任何東西都是可以溶解的；沒有
任何固態的東西。

也就是說，堅硬和衝突並不是什麼好事，而是個**缺陷**。

♦

衝突會消融，就像一個裝置的彈簧的彈性，如果把裝置熔化掉
的話（例如用硝酸），熔化了以後，它就再也沒有彈性了。

♦

當我說我的書只是寫給一小圈子的人的（如果他們可以叫作圈
子的話），我的意思不是說，這個圈子在我眼裡是人類的菁英，他
們只是我要面對的人，（並不是因為他們比別人優秀或低劣，而
是）因為他們是我的文化圈，就像我的祖國的同胞，相對地，其他
人對於我而言則像是**外國人**。

♦

Die Grenze der Sprache zeigt sich in der Unmöglichkeit, die Tatsache zu beschreiben, die einem Satz entspricht (seine Übersetzung ist), ohne eben den Satz zu wiederholen.

(Wir haben es hier mit der Kantischen Lösung des Problems der Philosophie zu tun.)

♦

Kann ich sagen, das Drama hat seine eigene Zeit, die nicht ein Abschnitt der historischen Zeit ist? D.h., ich kann in ihm von früher und später reden, aber die Frage hat *keinen Sinn*, ob die Ereignisse etwa vor oder nach Cäsars Tod geschehen sind.

♦

Beiläufig gesprochen, hat es nach der alten Auffassung - etwa der der (großen) westlichen Philosophen - zwei Arten von Problemen im wissenschaftlichen Sinne gegeben: wesentliche, große, universelle, und unwesentliche, quasi accidentelle Probleme. Und dagegen ist unsere Auffassung, daß es kein *großes*, wesentliches Problem im Sinne der Wissenschaft gibt.

♦

Struktur und Gefühl in der Musik. Die Gefühle begleiten das Auffassen eines Musikstücks, wie sie die Vorgänge des Lebens begleiten.

◆

　　語言的界限就表現在我們不可能描述和一個句子對應的事實
（它是那個句子的**翻譯**），而不重複那個句子。

（它和康德解決哲學問題的方式有關。）

◆

　　我可以說，戲劇擁有屬於它自己的時間，而這個時間並不是歷
史時期的一個片段？也就是說，我可以在戲劇裡談古說今，至於這
些事件是在發生凱撒死前或死後的問題，則是沒有意義的。

◆

　　此外，依據古老的觀念 —— 大概是那些（偉大的）西方哲學
家的看法 —— 在科學的意義下，世上有兩種問題：本質的、重大
的、普遍的問題，以及次要的、看似偶然的問題。我們的看法則不
然，在科學的意義下，並沒有任何**重大**的、本質的問題。

◆

　　音樂裡的結構和情感。情感一直伴隨著我們對於一首曲子的領
會，正如我們的生命事件也有種種情感伴隨著。

♦

Der Ernst Labors ist ein sehr später Ernst.

♦

Das Talent ist ein Quell, woraus immer wieder neues Wasser fließt.
Aber diese Quelle wird wertlos, wenn sie nicht in rechter Weise benutzt
wird.

♦

"Was der Gescheite weiß, ist schwer zu wissen." Hat die
Verachtung Goethes für das Experiment im Laboratorium und die
Aufforderung in die freie Natur zu gehen und dort zu lernen, hat dies mit
dem Gedanken zu tun, daß die Hypothese (unrichtig aufgefaßt) schon
eine Fälschung der Wahrheit ist? Und mit dem Anfang, den ich mir jetzt
für mein Buch denke, der in einer Naturbeschreibung bestehen könnte?

♦

Wenn Menschen eine Blume oder ein Tier häßlich finden, so stehen
sie immer unter dem Eindruck, es seien Kunstprodukte. "Es schaut so
aus, wie ...", heißt es dann. Das wirft ein Licht auf die Bedeutung der
Worte "häßlich" und "schön".

♦

Die liebliche Temperaturdifferenz der Teile eines menschlichen
Körpers.

拉伯的嚴肅性是相當晚期的事。

◆

天賦是個不斷有活水潺潺流出來的源泉。但是如果沒有正確使用它的話，這個源泉就會失去價值。

◆

「聰明人到底知道什麼，我們很難明白。」[10]如果說歌德輕視實驗室裡的實驗，鼓勵人們走到海闊天空的大自然去學習，那是否和一個想法有關，也就是認為（被誤解的）假設本身就是真理的否證？而我在想，我的這本描寫自然的書是否也是以它為起點？

◆

當人們覺得一朵花或是一隻動物很醜，總是會有個印象，認為它們是人造物。「它看起來像是……」他們會這麼說。它也說明了「美」、「醜」之類的語詞的意義。

◆

人體各部位的美妙差別就在於其溫差。

---

10 譯注：語出歌德的詩。見：Johann Wolfgang Goethe, *Zahme Xenien*, 6。

♦

Es ist beschämend, sich als leerer Schlauch zeigen zu müssen, der nur vom Geist aufgeblasen wird.

♦

Niemand will den Andern gerne verletzt haben; darum tut es jedem so gut, wenn der Andere sich nicht verletzt zeigt. Niemand will gerne eine beleidigte Leberwurst vor sich haben. Das merke Dir. Es ist viel leichter, dem Beleidigten geduldig - und duldend - aus dem Weg gehen, als ihm freundlich entgegengehen. Dazu gehört auch Mut.

♦

Zu dem, der Dich nicht mag, gut zu sein, erfordert nicht nur viel Gutmütigkeit, sondern auch viel *Takt*.

♦

Wir kämpfen mit der Sprache.

Wir stehen im Kampf mit der Sprache.

♦

Die Lösung philosophischer Probleme verglichen mit dem Geschenk im Märchen, das im Zauberschloß zauberisch erscheint und wenn man es draußen beim Tag betrachtet, nichts ist, als ein gewöhnliches Stück Eisen (oder dergleichen).

♦

Der Denker gleicht sehr dem Zeichner, der alle Zusammenhänge

◆

　　當人不得不表現為一個僅僅以心靈打氣的內胎，那是很丟人的
事。

◆

　　沒有人喜歡冒犯別人；如果別人看起來沒有被冒犯，他會覺得
好多了；沒有人想要和一個覺得被羞辱而忿忿不平的人糾纏不清。
記住這點。相較於友善地面對被你羞辱的人，耐心地——而寬容
地——避開他要簡單得多了。面對他是需要勇氣的。

◆

　　若要善待不喜歡你的人，那不只是要秉性淳厚，而且需要種種
善巧方便。

◆

　　我們和語言作戰。
　　我們陷入和語言的戰爭當中。

◆

　　哲學問題的答案就像是童話裡的禮物一樣：它在魔法城堡裡如
魔法一般地顯現，可是把它放在外頭太陽底下觀照，它其實只是很
不起眼的一塊鐵（或者類似的東西）而已。

◆

　　思想家就像是製圖員，他要做的事是描繪出所有相互關係。

nachzeichnen will.

♦

Kompositionen, die am Klavier, auf dem Klavier, komponiert sind,
solche, die mit der Feder denkend und solche, die mit dem inneren Ohr
allein komponiert sind, müssen einen *ganz* verschiedenen Charakter
tragen und einen Eindruck ganz verschiedener Art machen.

Ich glaube bestimmt, daß Bruckner nur mit dem inneren Ohr und
einer Vorstellung vom spielenden Orchester, Brahms mit der Feder,
komponiert hat. Das ist natürlich einfacher dargestellt, als es ist. *Eine*
Charakteristik aber ist damit getroffen.

♦

Eine Tragödie könnte doch immer anfangen mit den Worten: "Es
wäre gar nichts geschehen, wenn nicht ..."

(Wenn er nicht mit einem Zipfel seines Kleides in die Maschine
geraten wäre?)

Aber ist das nicht eine einseitige Betrachtung der Tragödie, die sie nur
zeigen läßt, daß eine Begegnung unser ganzes Leben entscheiden kann.

♦

Ich glaube, daß es heute ein Theater geben könnte, wo mit Masken
gespielt würde. Die Figuren wären eben stylisierte Menschen-Typen. In
den Schriften Kraus' ist das deutlich zu sehen. Seine Stücke könnten, oder

◆

在鋼琴前或是琴鍵上創作的樂曲，用筆寫下想法的樂曲，以及
只以內心的耳朵創作的樂曲，它們在性格上**當然**涇渭分明，也會產
生大異其趣的印象。

我堅信布魯克納只用內心的耳朵以及想像中的管弦樂團創作，
而布拉姆斯則是用筆作曲。當然，這麼說有過度簡化之嫌。可是它
至少說中了**一個**特徵。

◆

每一齣悲劇其實都可以採用這樣的開場白：「一切原本不至於
此，要不是⋯⋯」
（要不是他的衣角被捲進機器裡？）

然而這難道不是關於悲劇的片面思考，只是想證明一次相遇就
會決定我們的一生。

◆

我相信現在可能會有一種戴上面具演出的劇場。人物都是有固
定格式的人的類型。這在克勞斯[11]的作品裡清晰可見。他的劇作都
可以或者應該戴上面具演出。那當然也呼應了作品裡的某種抽象

---

11 譯注：卡爾・克勞斯（Karl Kraus, 1874-1936），二十世紀初期奧地利相當著名的作家、
劇作家和記者，三度被提名諾貝爾文學獎，《人類末日》（*Die letzten Tage der Menschheit,*
1918）為其代表作。

müßten, in Masken aufgeführt werden. Dies entspricht natürlich einer gewissen Abstraktheit dieser Produkte. Und das Maskentheater ist, wie ich es meine, überhaupt der Ausdruck eines spiritualistischen Charakters. Es werden daher auch vielleicht nur die Juden zu diesem Theater neigen.

◆

Frida Schanz:

Nebeltag. Der graue Herbst geht um./Das Lachen scheint verdorben;/die Welt liegt heut so stumm,/als sei sie nachts gestorben. /Im golden roten Hag/brauen die Nebeldrachen;/und schlummernd liegt der Tag./Der Tag will nicht erwachen.

◆

Das Gedicht habe ich aus einem "Rösselsprung" entnommen, wo natürlich die Interpunktion fehlte. Ich weiß daher z.B. nicht, ob das Wort "Nebeltag" der Titel ist, oder ob es zur ersten Zeile gehört, wie ich es geschrieben habe. Und es ist merkwürdig, wie trivial das Gedicht klingt, wenn es nicht mit dem Wort "Nebeltag", sondern mit "Der graue" beginnt. Der Rhythmus des *ganzen* Gedichts ändert sich dadurch.

◆

Was Du geleistet hast, kann Andern nicht mehr bedeuten als Dir selbst.

Soviel als es Dich gekostet hat, soviel werden sie zahlen.

性。而在我看來，假面劇場正好是一種唯靈論性格的表現。正因為如此，或許也只有猶太人才會喜歡這種劇場。

◆

芙麗妲·項茨：[12]

　　霧日。灰撲撲的秋天到處出沒。／笑聲似乎枯萎了；／今天的世界如此沉默，／就像昨夜一樣的死寂。／在金紅色的樹籬裡／霧龍正在醞釀著；／白晝兀自睡臥。／白晝不想醒來。

◆

　　這首詩是摘錄自《馬步集》（*Rösselsprung*），當然原本是沒有標點符號的。而且我也不知道「霧日」是否就是詩題，或者是屬於詩的第一句，就像我的寫法一樣。奇怪的是，如果詩的開頭不是「霧日」而是「灰撲撲」，聽起來就很平庸。**整**首詩的節奏都不一樣了。

◆

　　你所成就的事物，你會比任何人都更重視。

　　你花了多少心血，他們就要付那個價錢。

---

12 譯注：芙麗妲·項茨（Frida Schanz, 1859-1944），德國童書作家和詩人。

♦

Der Jude ist eine wüste Gegend, unter deren dünner Gesteinschicht aber die feurig-flüssigen Massen des Geistigen liegen.

♦

Grillparzer: "Wie leicht bewegt man sich im Großen und im Fernen, wie schwer faßt sich, was nah und einzeln an ..."

♦

Welches Gefühl hätten wir, wenn wir nicht von Christus gehört hätten?

Hätten wir das Gefühl der Dunkelheit und Verlassenheit?

Haben wir es nur insofern nicht als es ein Kind nicht hat, wenn es weiß, daß jemand mit ihm im Zimmer ist?

♦

Religion als Wahnsinn ist Wahnsinn aus Irreligiosität.

♦

Sehe die Photographie von Korsischen Briganten und denke mir: die Gesichter sind zu hart und meines zu weich, als daß das Christentum darauf schreiben könnte. Die Gesichter der Briganten sind schrecklich anzusehen und doch sind sie gewiß nicht weiter von einem guten Leben entfernt und nur auf einer andren Seite desselben selig als ich.

♦

Labor ist, wo er gute Musik schreibt, absolut unromantisch. Das ist

◆

猶太人是一塊荒地，可是在薄薄的岩層底下卻有思想的熾熱岩漿。

◆

格里帕策：「人可以在遼闊而遙遠的地方穿梭自如，卻難以掌握眼前個別的事物……」

◆

假如我們沒有聽說過基督，那會是什麼感覺呢？

我們會覺得黑暗而孤單嗎？

如果說我們沒有那種感覺，那不就像是當一個孩子知道房間裡有人和他在一起而不再有那種感覺一樣嗎？

◆

宗教作為一種瘋狂，是源自於對神不虔誠的瘋狂。

◆

我端詳科西嘉島盜賊的照片，心裡思忖著：這些臉孔太凶殘了，而我的臉孔又太軟弱了，以致於基督教沒辦法在我們的臉上寫些什麼。強盜的臉看起來太嚇人了，他們的生活不會比我好到哪裡去，我們只是在生活的兩端找尋至福而已。

◆

拉伯的音樂一點也不浪漫。這是個相當奇怪而重要的特徵。

ein sehr merkwürdiges und bedeutsames Zeichen.

◆

Wenn man die sokratischen Dialoge liest, so hat man das Gefühl: welche fürchterliche Zeitvergeudung! Wozu diese Argumente, die nichts beweisen und nichts klären?

◆

Die Geschichte des Peter Schlemihls sollte, wie mir scheint, so lauten: Er verschreibt seine Seele um Geld dem Teufel. Dann reut es ihn und nun verlangt der Teufel den Schatten als Lösegeld. Peter Schlemihl aber bleibt die Wahl seine Seele dem Teufel zu schenken, oder mit dem Schatten auf das Gemeinschaftsleben der Menschen zu verzichten.

◆

Im Christentum sagt der liebe Gott gleichsam zu den Menschen: Spielt nicht Tragödie, das heißt Himmel und Hölle auf Erden. Himmel und Hölle habe *ich* mir vorbehalten.

◆

So könnte Spengler besser verstanden werden, wenn er sagte: ich *vergleiche* verschiedene Kulturperioden dem Leben von Familien; innerhalb der Familie gibt es eine Familienähnlichkeit, während es auch

◆

　　讀蘇格拉底的對話錄都會有個感覺：真是太浪費時間了！這些論證到頭來什麼也沒有證明或釐清，究竟有什麼用？

◆

　　在我看來，彼得・施雷米爾[13]的故事應該要這麼寫才對：他為了錢而把靈魂轉讓給魔鬼。接著他後悔了，而魔鬼則是要求他拿影子來贖回靈魂。但是彼得・施雷米爾還是有個選擇，他可以選擇把靈魂轉讓給魔鬼，或者是放棄影子以及和人們的共同生活。

◆

　　在基督教裡，慈愛的神宛如對人類說：不要演出悲劇，也就是不要在人間演出天堂和地獄。天堂和地獄是**我**的事。

◆

　　如果史賓格勒這麼說，也許我們比較容易理解：我把各個不同的文明時期**比擬**為家庭的生活；在家庭裡有家族相似性，就算是不同家庭裡的成員也有其相似性；家族相似性不同於其他類型的相似

---

13 譯注：指阿德貝爾・哈米索（Adelbert von Chamisso, 1781-1838）著名的中篇童話小說《失去影子的人：彼得・施雷米爾的奇幻故事》（*Peter Schlemihls wundersame Geschcihte*, 1814）。故事主角為了神奇的錢袋而把影子賣給了魔鬼，因為成了大富豪，但是沒有影子的他成為眾人嘲笑的對象，只能鎮日躲在大宅院裡，後來他愛上一個叫米娜的女孩，也因為沒有影子而沒辦法娶她。魔鬼要他拿靈魂換回影子，他拒絕了並且把錢袋丟到深淵裡，因而破除了魔咒。彼得用剩下來的錢買到一雙千里靴而周遊世界，終其一生當個寂寞的科學家。

zwischen Mitgliedern verschiedener Familien eine Ähnlichkeit gibt; die Familienähnlichkeit unterscheidet sich von der andern Ähnlichkeit so und so etc. Ich meine: Das Vergleichsobjekt, der Gegenstand, von welchem diese Betrachtungsweise abgezogen ist, muß uns angegeben werden, damit nicht in die Diskussion immer Ungerechtigkeiten einfließen. Denn da wird dann alles, was für das Urbild der Betrachtung stimmt, nolens volens auch von dem Objekt, worauf wir die Betrachtung anwenden behauptet; und behauptet "es *müsse immer ...*".

Das kommt nun daher, daß man den Merkmalen des Urbilds einen Halt in der Betrachtung geben will. Da man aber Urbild und Objekt vermischt, dem Objekt dogmatisch beilegen muß, was nur das Urbild charakterisieren muß. Anderseits glaubt man, die Betrachtung habe nicht die Allgemeinheit, die man ihr geben will, wenn sie nur für den einen Fall wirklich stimmt. Aber das Urbild soll ja eben als solches hingestellt werden; daß es die ganze Betrachtung charakterisiert, ihre Form bestimmt. Es steht also an der Spitze und ist dadurch allgemein gültig, daß es die Form der Betrachtung bestimmt, nicht dadurch, daß alles, was nur von ihm gilt, von allen Objekten der Betrachtung ausgesagt wird.

Man möchte so bei allen übertriebenen, dogmatisierenden Behauptungen immer fragen: Was ist denn nun daran wirklich wahr? Oder auch: In welchem Fall stimmt denn das nun wirklich?

性等等。我的意思是：他應該告訴我們比較的對象，也就是這個思考方式所依據的對象，在討論當中才不會一直造成不當的理解。因為任何思考的原型都會被我們胡亂套用在我們思考的對象上；並且主張說：「那**一定都是**……」

這是因為我們想要在思考當中為原型的特徵找到一個根據。可是由於人們把原型和對象混為一談，而獨斷地把原本應該只屬於原型的特徵套在對象上，另一方面，我們會認為，如果這個思考只在一個情況下為真，那麼它就不具備我們想要的普遍性。然而我們必須把原型描述為整個思考的特徵所在，它決定了討論的形式。所以說它是在頂端的東西，它之所以是普遍有效的，那是因為它決定了思考的形式，而不是因為僅僅對它為真的性質，也對於思考的所有對象為真。

對於所有誇大的、獨斷的斷言，我們總是想要問：那裡頭到底有什麼是真的？或者說：在什麼情況下它確實為真？

♦

Aus dem Simplicissimus: Rätsel der Technik. (Bild: Zwei Professoren vor einer im Bau befindlichen Brücke.) Stimme von oben: "Laß abi - hüah - laß abi sag' i - nacha drah'n mer'n anders um!" - "Es ist doch unfaßlich, Herr Kollega, daß eine so komplizierte und exakte Arbeit in dieser Sprache zustande kommen kann."

♦

Man hört immer wieder die Bemerkung, daß die Philosophie eigentlich keinen Fortschritt mache, daß die gleichen philosophischen Probleme, die schon die Griechen beschäftigten, uns noch beschäftigen. Die das aber sagen, verstehen nicht den Grund, warum es so sein muß. Der ist aber, daß unsere Sprache sich gleich geblieben ist und uns immer wieder zu denselben Fragen verführt. Solange es ein Verbum 'sein' geben wird, das zu funktionieren scheint wie 'essen' und 'trinken', solange es Adjektive 'identisch', 'wahr', 'falsch', 'möglich' geben wird, solange von einem Fluß der Zeit und von einer Ausdehnung des Raumes die Rede sein wird, usw., usw., solange werden die Menschen immer wieder an die gleichen rätselhaften Schwierigkeiten stoßen, und auf etwas starren, was keine Erklärung scheint wegheben zu können.

Und dies befriedigt im Übrigen ein Verlangen nach dem Transcendenten, denn, indem sie die "Grenze des menschlichen Verstandes" zu sehen glauben, glauben sie natürlich, über ihn hinaus sehen zu können.

◆

　　摘自《癡兒西木傳》[14]：科技之謎。（插圖：兩位教授站在一座興建當中的橋樑前面。）天上傳來聲音：「幹活兒吧 —— 嘿唷 —— 幹活兒吧，我說 —— 等一下再到別的地方！」——「真是不可思議呀，夥伴們，我們居然用這種語言完成了這麼複雜又精確的工作。」

◆

　　我們一再聽到有人說，哲學其實一點進步也沒有，希臘人研究的哲學問題，現在我們還在為它們傷腦筋。然而，說這句話的人並不明白為什麼非如此不可。

　　那是因為我們的語言依然故我，一再引誘我們提出相同的問題。只要有個「sein」（是）的動詞，它的功能就像「吃」和「喝」一樣，只要有「等於」、「真」、「假」、「可能」之類的形容詞，只要我們談到時間流以及空間的擴延等等，我們會持續撞見同樣費解的難題，只能瞠目而視，似乎沒有任何解釋可以掃除這些難題。

　　它也會滿足對於超越者的渴慕，因為他們會以為看到了「人類知性的界限」，當然也相信自己可以看到知性以外的事物。

---

14 譯注：Hans Jakob Christoffel von Grimmelshausen, *Simplicius Simplicissimus*, 1668。

♦

Ich lese: "... philosophers are no nearer to the meaning of 'Reality' than Plato got, ...". Welche seltsame Sachlage. Wie sonderbar, daß Platon dann überhaupt so weit kommen konnte! Oder, daß wir dann nicht weiter kommen konnten! War es, weil Platon *so* gescheit war?

♦

Kleist schrieb einmal, es wäre dem Dichter am liebsten, er könnte die Gedanken selbst ohne Worte übertragen. (Welch seltsames Eingeständnis.)

♦

Es wird oft gesagt, daß die neue Religion die Götter der alten zu Teufeln stempelt. Aber in Wirklichkeit sind diese dann wohl schon zu Teufeln geworden.

♦

Die Werke der großen Meister sind Sonnen, die um uns her auf- und untergehen. So wird die Zeit für jedes große Werk wiederkommen, das jetzt untergegangen ist.

♦

Mendelssohns Musik, wo sie vollkommen ist, sind musikalische Arabesken. Daher empfinden wir bei ihm jeden Mangel an Strenge peinlich.

♦

Der Jude wird in der westlichen Zivilisation immer mit Maßen

◆

我讀到一句話：「哲學家們並沒有比柏拉圖更接近『實在』的意義……」真是奇怪的情況。柏拉圖居然可以走那麼遠，真是匪夷所思啊！或者是說我們沒辦法走得更遠吧！那是因為柏拉圖**太聰明**了嗎？

◆

克萊斯特[15]有一次寫道，詩人最想要不必用文字就可以傳達思想。（真是奇怪的自白啊。）

◆

經常有人說，新宗教會把舊宗教的諸神貼上魔鬼的標籤。可是祂們其實也真的變成魔鬼了。

◆

大師的作品是在我們四周升起和下沉的太陽。所以說，現在沒落的每一部作品有一天都會再度升起的。

◆

孟德爾頌登峰造極的音樂都有一種音樂上的阿拉貝斯克風格[16]。所以其中不夠嚴謹的樂段都會讓我們覺得很不舒服。

◆

在西方文明裡，人們都會以和猶太人不相稱的標準去評斷他

---

15 譯注：克萊斯特（Bernd Heinrich Wilhelm von Kleist, 1777-1811），德國詩人和劇作家。

16 譯注：源自十七世紀中葉，指在音樂上用旋律營造阿拉伯建築的盤旋交錯的圖案氛圍，而不是指阿拉伯音樂。

gemessen, die auf ihn nicht passen. Daß die griechischen Denker weder im westlichen Sinn Philosophen, noch im westlichen Sinn Wissenschaftler waren, daß die Teilnehmer der Olympischen Spiele nicht Sportler waren und in kein westliches Fach passen, ist vielen klar. Aber so geht es auch den Juden. Und indem uns die Wörter unserer "Sprache" als die Maße schlechthin erscheinen, tun wir ihnen immer Unrecht. Und sie werden bald überschätzt, bald unterschätzt. Richtig reiht dabei Spengler Weininger nicht unter die westlichen Philosophen [Denker].

◆

Nichts, was man tut, läßt sich endgültig verteidigen. Sondern nur in Bezug auf etwas anderes Festgesetztes. D.h., es läßt sich kein Grund angeben, warum man *so* handeln soll (oder hat handeln sollen), als der sagt, daß dadurch dieser Sachverhalt hervorgerufen werde, den man wieder als Ziel *hinnehmen* muß.

◆

Das Unaussprechbare (das, was mir geheimnisvoll erscheint und ich nicht auszusprechen vermag) gibt vielleicht den Hintergrund, auf dem das, was ich aussprechen konnte, Bedeutung bekommt.

◆

Die Arbeit an der Philosophie ist - wie vielfach die Arbeit in der

們。大家也都明白，在西方的意義下，希臘思想家並不是哲學家，更不是西方意義下的科學家，奧林匹克運動會的競技者也不是體育選手，也不符合西方的任何專業。可是猶太人也是如此。如果以我們的「語言」裡的語詞作為唯一的標準，那麼對他們就總是會有失偏頗。因而有時候高估他們，有時候又低估他們。話說回來，史賓格勒沒有把懷寧格列為西方哲學家（思想家）[17]，倒是相當公允。

◆

我們沒有辦法為自己的所作所為提出無可置疑的辯護。我們必須以其他確定無疑的理由作為引證。也就是說，除非你**這麼**做會導致你所要的事態，否則你沒有理由證明說你為什麼要（或已經）這麼做。

◆

不能表述的事物（我覺得是一種奧祕而不可言喻的事物）或許就是我可以表述的事物所獲得的意義的背景。[18]

◆

哲學工作——很像是建築的工作——其實更多是對自己的工

---

17 譯注：見Oswald Spengler, *Der Untergang des Abendlandes*, Zweiter Band, 1922, S. 397。「……第三位是奧托‧懷寧格，他的道德二元論根本是個魔法概念，他經歷了魔法一般的善惡靈魂拉扯並且死去，那是晚近宗教最崇高的片刻之一。」懷寧格（Otto Weininger, 1880-1903），奧地利哲學家，著有《性與性格》（*Geschlecht und Charakter*），因被控抄襲，憤而舉槍自盡。維根斯坦對他相當推崇。

18 譯注：《邏輯哲學論叢》6.522：「的確，有不可言喻者。它們顯示自己。它們就是奧祕。」

Architektur - eigentlich mehr die Arbeit an Einem selbst. An der eignen Auffassung. Daran, wie man die Dinge sieht. (Und was man von ihnen verlangt.)

♦

Der Philosoph kommt leicht in die Lage eines ungeschickten Direktors, der, statt *seine* Arbeit zu tun und nur darauf zu schauen, daß seine Angestellten ihre Arbeit richtig machen, ihnen ihre Arbeit abnimmt und sich so eines Tages mit fremder Arbeit überladen sieht, während die Angestellten zuschauen und ihn kritisieren.

♦

Der Gedanke ist schon vermüdelt und läßt sich nicht mehr gebrauchen. (Eine ähnliche Bemerkung hörte ich einmal von Labor, musikalische Gedanken betreffend.) Wie Silberpapier, das einmal verknittert ist, sich nie mehr ganz glätten läßt. Fast alle meine Gedanken sind etwas verknittert.

♦

Ich denke tatsächlich mit der Feder, denn mein Kopf weiß oft nichts von dem, was meine Hand schreibt.

♦

Die Philosophen sind oft wie kleine Kinder, die zuerst mit ihrem Bleistift beliebige Striche auf ein Papier kritzeln und dann den Erwachsenen fragen "was ist das?" - Das ging so zu: Der Erwachsene

作。對於自己的理解。對於自己看事物的方式。（以及對於那些事物的要求。）

◆

哲學家很容易會陷入笨拙的管理者的困境，他沒有想到做好**自己的事**，而只是整天監視他的員工有沒有把事情做好，甚至越俎代庖，直到有一天，他看到自己為了別人的事而過勞，而員工則是冷眼旁觀並且對他指指點點。

◆

思想已經破舊不堪，再也不能用了。（有一次我聽到拉伯在談起音樂思潮時也有類似的評論。）就像銀箔一樣，一旦被揉皺了就再也無法恢復平整。我的所有思想幾乎都被揉皺了。

◆

我其實是用筆在思考，因為我的腦袋往往不知道我的手在寫什麼。

◆

哲學家經常像小孩子一樣，一開始用鉛筆在紙上胡亂塗鴉，接著問大人說：「這是什麼？」——事情的經過是：大人時常為孩子畫一些東西，然後說「這是一個人」、「這是一棟房子」之類的。

hatte dem Kind öfters etwas vorgezeichnet und gesagt: "das ist ein Mann", "das ist ein Haus", usw. Und nun macht das Kind auch Striche und fragt: was ist nun das?

◆

Ramsey war ein bürgerlicher Denker. D.h., seine Gedanken hatten den Zweck, die Dinge in einer gegebenen Gemeinde zu ordnen. Er dachte nicht über das Wesen des Staates nach - oder doch nicht gerne - sondern darüber, wie man *diesen* Staat vernünftig einrichten könne. Der Gedanke, daß dieser Staat nicht der einzig mögliche sei, beunruhigte ihn teils, teils langweilte er ihn. Er wollte so geschwind als möglich dahin kommen, über die Grundlagen - *dieses* Staates - nachzudenken. Hier lag seine Fähigkeit und sein eigentliches Interesse; während die eigentlich philosophische Überlegung ihn beunruhigte, bis er ihr Resultat (wenn sie eins hatte) als trivial zur Seite schob.

◆

Es könnte sich eine seltsame Analogie daraus ergeben, daß das Okular auch des riesigsten Fernrohrs nicht größer sein darf, als unser Auge.

◆

Tolstoi: die Bedeutung (Bedeutsamkeit) eines Gegenstandes liegt in

現在孩子則是畫了幾筆，然後問說：這是什麼？

◆

　　拉姆齊[19]是個中產階級思想家。也就是說，他的思想旨在釐清特定族群的事物。他並不——也不喜歡——思考國家本質的問題，而只想知道如何合理地打造這個國家。這個國家並不是唯一可能的國家，這個想法讓他感到既困擾又厭煩。他想要盡快跳到關於這個國家的基礎的思考。那是他的長項和興趣；而真正的哲學思考則會一直困擾著他，直到他把它的結論（如果有結論的話）擱置一旁，說那是無關緊要的東西。

◆

　　再大的望遠鏡，它的目鏡也不會比我們的眼睛大，我們或許會基於這個事實得出一個奇怪的類比。

◆

　　托爾斯泰說：一個對象的意義（重要性）在於人們是否都可以

---

19 譯注：拉姆齊（Frank Plumpton Ramsey, 1903-1930），英國數學家、分析哲學和經濟學家。對於維根斯坦後期哲學影響很大，尤其是《哲學探討》（*Die Philosophische Untersuchungen*）：「自從十六年前，我重操哲學舊業，我無法不承認我所寫的第一部書中的重大錯誤。幫助我了解這些錯誤（錯到我自己無法估量的程度）的是法蘭克‧拉姆齊對我的觀念所作的批評。於他在世的最後兩年之中，我曾在無數次談話之中討論過這些問題。」（《哲學探討》，頁16，張新方譯，海國書局，1987。）

seiner allgemeinen Verständlichkeit. - Das ist wahr und falsch. Das, was den Gegenstand schwer verständlich macht, ist - wenn er bedeutend, wichtig, ist - nicht, daß irgendeine besondere Instruktion über abstruse Dinge zu seinem Verständnis erforderlich wäre, sondern der Gegensatz zwischen dem Verstehen des Gegenstandes und dem, was die meisten Menschen sehen *wollen*. Dadurch kann gerade das Naheliegendste am allerschwersten verständlich werden. Nicht eine Schwierigkeit des Verstandes, sondern des Willens, ist zu überwinden.

♦

Wer heute Philosophie lehrt, gibt dem Andern Speisen, nicht, weil sie ihm schmecken, sondern um seinen Geschmack zu ändern.

♦

Ich soll nur der Spiegel sein, in welchem mein Leser sein eigenes Denken mit allen seinen Unförmigkeiten sieht, und mit dieser Hilfe zurecht richten kann.

♦

Die Sprache hat für Alle die gleichen Fallen bereit; das ungeheure Netz gut gangbarer Irrwege. Und so sehen wir also Einen nach dem Andern die gleichen Wege gehn, und wissen schon, wo er jetzt abbiegen wird, wo er geradeaus fortgehen wird, ohne die Abzweigung zu bemerken, etc. etc. Ich sollte also an allen Stellen, wo falsche Wege abzweigen, Tafeln aufstellen, die über die gefährlichen Punkte hinweghelfen.

理解它。——這句話既是對的也是錯的。使一個對象難以理解的原因——如果那個對象是重要而有意義的——並不在於你必須有關於深奧事物的特殊指導才能理解它們，而是在於對於對象的理解以及大多數人們想看到的東西之間存在著巨大的落差。正因為如此，最淺顯易懂的事物往往是最難以理解的。我們要克服的不是理解的困難，而是意志的難題。

◆

現在教哲學的，他們端出來的菜色不是要讓人覺得美味，而只是要換換口味而已。

◆

我應該只是一面鏡子，讓讀者從鏡子裡看到他們自己的思考以及種種畸變，並且藉此修正它們。

◆

語言為所有人設下了相同的陷阱；那是個很容易誤入歧途的巨大路網。於是我們看到一個接著一個的人走上同一條路，而且我們早就知道他們在哪裡會轉彎，在哪裡會筆直往前走，而沒有注意到岔路等等。我應該在所有歧路的路口豎立一塊牌子，幫助人們走過危險的路段。

◆

Was Eddington über 'die Richtung der Zeit' und den Entropiesatz sagt, läuft darauf hinaus, daß die Zeit ihre Richtung umkehren würde, wenn die Menschen eines Tages anfingen, rückwärts zu gehen. Wenn man will, kann man das freilich so nennen; man muß dann nur darüber klar sein, daß man damit nichts anders sagt als, daß die Menschen ihre Gehrichtung geändert haben.

◆

Einer teilt die Menschen ein, in Käufer und Verkäufer, und vergißt, daß Käufer auch Verkäufer sind. Wenn ich ihn daran erinnere, wird seine Grammatik geändert??

◆

Das eigentliche Verdienst eines Kopernikus oder Darwin war nicht die Entdeckung einer wahren Theorie, sondern eines fruchtbaren neuen Aspekts.

◆

Ich glaube, was Goethe eigentlich hat finden wollen, war keine physiologische, sondern eine psychologische Theorie der Farben.

◆

Eine Beichte muß ein Teil des neuen Lebens sein.

◆

Ich drücke, was ich ausdrücken will, doch immer nur "mit halbem

◆

　艾丁頓[20]談到「時間的方向」以及熵增原則時，我們可以推論說：時間的方向是不會掉頭的，就算有一天人類開始倒著走路。當然，你要怎麼說都可以；那麼你只要搞清楚一點，你只能說人類改變了他們的行走路徑。

◆

　有個人把人們區分成買家和賣家，卻忘了買家也是賣家。如果我提醒他這點，他的文法會因此改變嗎？

◆

　哥白尼或是達爾文的真正成就不在於發現了一個真實的理論，而是發現了一個成果豐碩的新觀點。

◆

　我相信歌德真正想探索的不是一個色彩生理學，而是一個關於色彩的心理學理論。

◆

　一次告解應該是新生命的一部分。

◆

　我表述我想要表述的，可是每次都只有「成功了一半」。其實

---

20 譯注：亞瑟・艾丁頓（Sir Arthur Stanley Eddington, 1882-1944），英國物理學家和數學家，他是第一位在英語世界推廣相對論的學者。

Gelingen" aus. Ja, auch das nicht, sondern vielleicht nur mit einem Zehntel. Das will doch etwas besagen. Mein Schreiben ist oft nur ein "Stammeln".

♦

Das jüdische "Genie" ist nur ein Heiliger. Der größte jüdische Denker ist nur ein Talent. (Ich z.B.)

Es ist, glaube ich, eine Wahrheit darin, wenn ich denke, daß ich eigentlich in meinem Denken nur reproduktiv bin. Ich glaube, ich habe nie eine Gedankenbewegung *erfunden*, sondern sie wurde mir immer von jemand anderem gegeben. Ich habe sie nur sogleich leidenschaftlich zu meinem Klärungswerk aufgegriffen. So haben mich Boltzmann, Hertz, Schopenhauer, Frege, Russell, Kraus, Loos, Weininger, Spengler, Sraffa beeinflußt. Kann man als ein Beispiel jüdischer Reproduktivität Breuer und Freud heranziehen? - Was ich erfinde, sind neue *Gleichnisse*.

Als ich seinerzeit den Kopf für Drobil modellierte, so war auch die Anregung wesentlich ein Werk Drobils und meine Arbeit war eigentlich wieder die des Klärens. Ich glaube, das Wesentliche ist, daß die Tätigkeit des Klärens mit MUT betrieben werden muß: fehlt der, so wird sie ein bloßes gescheites Spiel.

不到一半，或許只是十分之一。然而我還是說明了什麼。我的文字往往只是「口吃」而已。

◆

在猶太人當中，只有聖人才是「天才」。再偉大的猶太思想家也只是個人才而已。（例如說我。）

如果我心想我的思考只是在複製而已，我相信此言不虛。我相信我從來沒有**發明**任何思想方向，我一直是擷取自他人。我只是興奮地直接把它抓來放在我的釐清工作裡而已。波茲曼、赫茲、叔本華、弗列格、羅素、克勞斯、洛斯、懷寧格、史賓格勒、史拉法，他們都讓我獲益良多。我可以再用布洛伊爾以及佛洛伊德作為猶太人的複製性的例子嗎？[21]——我只是發明新的**譬喻**而已。

我在為杜洛比爾[22]雕塑的胸像擔任模特兒期間，靈感也是來自杜洛比爾，我的工作其實還是釐清一些事物。我相信大膽地從事釐清的工作是相當重要的事：否則那就只是個聰明的遊戲而已。

---

21 譯注：波茲曼（Ludwig Eduard Boltzmann, 1844-1906）奧地利物理學家和哲學家；赫茲（Heinrich Rudolf Hertz, 1857-1894），德國物理學家；史拉法（Piero Sraffa, 1898-1983），義大利經濟學家；布洛伊爾（Josef Breuer, 1842-1925），奧地利心理醫生。

22 譯注：杜洛比爾（Michael Drobil, 1877-1958），奧地利雕塑家，曾任維根斯坦的助理。《維根斯坦胸像》創作於1926-28年間，白色大理石，高約44公分。

Der Jude muß im eigentlichen Sinn "sein Sach' auf nichts stellen". Aber das fällt gerade ihm besonders schwer, weil er, sozusagen, nichts hat. Es ist viel schwerer freiwillig arm zu sein, wenn man arm sein *muß*, als, wenn man auch reich sein könnte.

Man könnte sagen (ob es nun stimmt oder nicht), daß der jüdische Geist nicht im Stande ist, auch nur ein Gräschen oder Blümchen hervorzubringen, daß es aber seine Art ist, das Gräschen oder die Blume, die im andern Geist gewachsen ist, abzuzeichnen und damit ein umfassendes Bild zu entwerfen. Das ist nun nicht die Angabe eines Lasters und es ist alles in Ordnung, solange das nur völlig klar bleibt. Gefährlich wird es erst, wenn man die Art des Jüdischen mit der des Nicht-jüdischen Werks verwechselt, und besonders, wenn das der Schöpfer des ersteren selbst tut, was so nahe liegt. (Sieht er nicht so stolz aus, als ob er selber gemolken wäre.)

Es ist dem jüdischen Geiste typisch, das Werk eines Anderen besser zu verstehen, als der es selbst versteht.

♦

Ich habe mich oft dabei ertappt, wenn ich ein Bild entweder richtig hätte rahmen lassen oder in die richtige Umgebung gehangen hatte, so stolz zu sein, als hätte ich das Bild gemalt. Das ist eigentlich nicht richtig: nicht "so stolz, als hätte ich es gemalt", sondern so stolz, als hätte ich es malen geholfen, als hätte ich sozusagen einen kleinen Teil

猶太人應該在真正意義下「萬事不關心」[23]。可是他會特別感到為難，因為他可以說是一無所有。相較於你有機會也變得富有，當你**不得不**貧窮時，你會更加難以自願接受貧窮。

　　或許有人會說（不管對不對），猶太人的心靈沒辦法培育出任何小花或小草，他們的方式只是描繪在其他心靈裡長出來的小草或小花，接著提出一個完備的圖像。這麼說並不是在汙衊猶太人，而且只要說清楚，也沒有什麼大不了的。只有把猶太人的作品和非猶太人的作品混為一談，尤其是連猶太人作者自己都搞混了，那才是危險所在。（他看起來不是一副自鳴得意的模樣，彷彿牛奶是他親自己擠出來的似的？）[24]

　　猶太人心靈的特色是，相較於自己的作品，他們更看得懂別人的作品。

◆

　　每當我為一幅畫裝上適當的畫框，或者是把它掛在適當的地方，我往往會覺得那就像是我畫的一樣而沾沾自喜。這麼說不太對，我並不是「就像是我畫的一樣而沾沾自喜」，而是宛如我幫忙完成那幅畫一樣而沾沾自喜，或者是宛如我也畫了一小部分一樣。那就像是一個優秀的盆栽藝術家到頭來認為至少有一株花草是他自

23　譯注：見 Johann Wolfgang von Goethe, *Vanitas! Vanitatum vanitas*；另見：Max Stirner, *Der Einzige und sein Eigentum*, 1901, S. 5。

24　譯注：見 Wilhelm Busch, *Eduards Traum,* 1904, Abschnitt 9。

davon gemalt. Es ist so, als würde der außerordentliche Arrangeur von Gräsern am Schluß denken, daß er doch, wenigstens ein ganz winziges Gräschen, selbst erzeugt habe. Während er sich klar sein muß, daß seine Arbeit auf einem gänzlich andern Gebiet liegt. Der Vorgang der Entstehung auch des winzigsten und schäbigsten Gräschens ist ihm gänzlich fremd und unbekannt.

◆

Das genaueste Bild eines ganzen Apfelbaumes hat in gewissem Sinne unendlich viel weniger Ähnlichkeit mit ihm, als das kleinste Maßliebchen mit dem Baum hat. Und in diesem Sinne ist eine Brucknersche Symphonie mit einer Symphonie der heroischen Zeit unendlich näher verwandt, als eine Mahlerische. Wenn diese ein Kunstwerk ist, dann eines *gänzlich* andrer Art. (Diese Betrachtung aber selbst ist eigentlich Spenglerisch.)

◆

Als ich übrigens in Norwegen war, im Jahre 1913-14, hatte ich eigene Gedanken, so scheint es mir jetzt wenigstens. Ich meine, es kommt mir so vor, als hätte ich damals in mir neue Denkbewegungen geboren (aber vielleicht irre ich mich). Während ich jetzt nur mehr alte anzuwenden scheine.

◆

Rousseau hat etwas Jüdisches in seiner Natur.

己種出來的。然而他很清楚他的工作屬於完全不同的領域。就算是再不起眼的小草，它的種植方式也是他完全陌生而一無所知的。

◆

一幅描繪一整株蘋果樹的畫，不管再怎麼栩栩如生，在某個意義下，它和蘋果樹的相似度遠遠不如嬌小的法國菊之於蘋果樹。在這個意義下，相較於馬勒，布魯克納的交響曲更加接近英雄輩出的時代的交響曲。如果說馬勒的交響曲也是藝術作品的話，那也是**完全**不同類型的。（這其實就是史賓格勒的看法。）

◆

此外，我在挪威的那段日子，一九一三年到一九一四年間，我有自己的想法，至少現在看起來是我自己的。我的意思是，我覺得當時有個新的思考方向在我心裡誕生（可是或許是我搞錯了）。而現在我似乎只是在使用舊有的思考方向。

◆

盧梭的性格裡有猶太人的味道。

♦

Wenn manchmal gesagt wird, die Philosophie eines Menschen sei Temperamentssache, so ist auch darin eine Wahrheit. Die Bevorzugung gewisser Gleichnisse ist das, was könnte man Temperamentssache nennen und auf ihr beruht ein viel größerer Teil der Gegensätze, als es scheinen möchte.

♦

"Betrachte diese Beule als ein regelrechtes Glied deines Körpers!" Kann man das, auf Befehl? Ist es in meiner Macht, willkürlich ein Ideal von meinem Körper zu haben oder nicht?

Die Geschichte der Juden wird darum in der Geschichte der europäischen Völker nicht mit der Ausführlichkeit behandelt, wie es ihr Eingriff in die europäischen Ereignisse eigentlich verdiente, weil sie als eine Art Krankheit, und Anomalie, in dieser Geschichte empfunden werden und niemand gern eine Krankheit mit dem normalen Leben gleichsam auf eine Stufe stellt [und niemand gern von einer Krankheit als etwas Gleichberechtigtem mit den gesunden Vorgängen (auch schmerzhafte) im Körper spricht.]

Man kann sagen: diese Beule kann nur dann als ein Glied des Körpers betrachtet werden, wenn sich das ganze Gefühl für den Körper ändert (wenn sich das ganze Nationalgefühl für den Körper ändert). Sonst kann man sie höchstens *dulden*.

◆

　　有人時或會說，一個人的哲學是氣質的事，這句話倒有幾分道理。對於某些譬喻的偏好可以說是氣質的問題，其實大部分的對立都是源自於氣質的問題。

◆

　　「把這顆腫瘤視為你的身體的一個正常部分吧！」我們可以這麼命令人嗎？我有權力恣意決定我的身體要不要擁有一個理想狀態嗎？

　　正因為如此，在歐洲民族的歷史裡並沒有關於猶太人歷史的詳盡記載，儘管他們在歷次歐洲事件裡所扮演的角色值得記上一筆，因為在那些歷史裡，他們讓人覺得像是一種疾病和畸變，沒有人想要把疾病和正常的生活放在同一個層次上談論它。（也沒有人會把疾病說成某種和健康的〔即便是痛苦的〕身體歷程平等的東西。）

　　我們可以說：只有我們對於身體的整個感覺已經不一樣了（整個民族對於身體的感覺都不一樣），我們才能把腫瘤視為身體的一部分。否則我們最多只能**忍受**它的存在而已。

Vom einzelnen Menschen kann man so eine Duldung erwarten, oder auch, daß er sich über diese Dinge hinwegsetzt; nicht aber von der Nation, die ja nur dadurch Nation ist, daß sie sich darüber nicht hinwegsetzt. D.h., es ist ein Widerspruch zu erwarten, daß Einer das alte aesthetische Gefühl für seinen Körper behalten *und* die Beule willkommen heißen wird.

Macht und Besitz sind nicht *dasselbe*. Obwohl uns der Besitz auch Macht gibt. Wenn man sagt, die Juden hätten keinen Sinn für den Besitz, so ist das wohl vereinbar damit, daß sie gerne reich sind, denn das Geld ist für sie eine bestimmte Art von Macht, nicht Besitz. (Ich möchte z.B. nicht, daß meine Leute arm werden, denn ich wünsche ihnen eine gewisse Macht. Freilich auch, daß sie diese Macht recht gebrauchen möchten.)

◆

Zwischen Brahms und Mendelssohn herrscht entschieden eine gewisse Verwandtschaft; und zwar meine ich nicht die, welche sich in

你可以指望一個人會忍受它，或是無視於這種東西的存在；但是你不可以指望民族也對它視若無睹，因為民族就是這麼一回事。也就是說，如果指望一個人既保有對於其身體的古老審美感覺，**又**要歡迎腫瘤的到來，那是相當矛盾的事。

權力和財產是**不一樣的東西**。儘管財產也會讓我們擁有權力。如果有人說猶太人對於財產沒有概念，那麼他也可以說猶太人喜歡有錢，因為在他們眼裡，金錢是一種權力而不是財產。（比方說，我不想要我的同胞變窮，因為我希望他們擁有一點權力。當然我也希望他們正當地使用這些權力。）

♦

布拉姆斯和孟德爾頌之間肯定有某種親緣性；我的意思不是說，布拉姆斯的作品裡的某個樂章讓人想起孟德爾頌的某個樂章，

einzelnen Stellen in Brahmschen Werken zeigt, die an Mendelssohnsche Stellen erinnern, sondern man könnte die Verwandtschaft, von der ich rede, dadurch ausdrücken, daß man sagt, Brahms tue das mit ganzer Strenge, was Mendelssohn mit halber getan hat. Oder: Brahms ist oft fehlerfreier Mendelssohn.

◆

Das wäre das Ende eines Themas, das ich nicht weiß. Es fiel mir heute ein, als ich über meine Arbeit in der Philosophie nachdachte und mir vorsagte: "I destroy, I destroy, I destroy -".

◆

Man hat manchmal gesagt, daß die Heimlichkeit und Verstecktheit der Juden durch die lange Verfolgung hervorgebracht worden sei. Das ist gewiß unwahr; dagegen ist es gewiß, daß sie, trotz dieser Verfolgung, nur darum noch existieren, weil sie die Neigung zu dieser Heimlichkeit haben. Wie man sagen könnte, daß das und das Tier nur darum noch nicht ausgerottet sei, weil es die Möglichkeit oder Fähigkeit hat, sich zu verstecken. Ich meine natürlich nicht, daß man darum diese Möglichkeit preisen soll, durchaus nicht.

◆

Die Musik Bruckners hat nichts mehr von dem langen und schmalen (nordischen?) Gesicht Nestroys, Grillparzers, Haydns etc., sondern hat ganz und gar ein rundes, volles (alpenländisches?) Gesicht,

我所說的親緣性是指，我們可以說布拉姆斯以全部的嚴謹度在創作，而孟德爾頌則只用了一半的嚴謹度。或者說：布拉姆斯往往是沒有瑕疵的孟德爾頌。

◆

我應該不會寫出那樣的主題結尾才對。我在思考自己的哲學作品時，這個念頭驀地襲來，偷偷對我說：「我毀掉它了，我毀掉它了，我毀掉它了……」

◆

有人時或會說，猶太人的神祕莫測和深藏不露是多年來的迫害導致的。這句話當然是不對的：然而有一點是確定的，儘管層出不窮的迫害，他們還是存活下來，那正是因為他們有這種神祕莫測的天性。正如我們也可以說，有些動物之所以沒有絕種，正是因為牠們有隱藏自己的潛能或能力。我的意思當然不是要讚美這種潛能，完全不是那麼一回事。

◆

布魯克納的音樂再也沒有內斯特洛伊[25]、格里帕策、海頓的那種瘦長的（北歐的？）臉孔，而完全是圓潤豐滿的（阿爾卑斯山區的？）臉孔，那是一種比舒伯特更加淳樸的類型。

---

25 譯注：內斯特洛伊（Johann Nepomuk Eduard Ambrosius Nestroy, 1801-1862），奧地利劇作家。

von noch ungemischterem Typus als das Schuberts war.

♦

Die alles gleich machende Gewalt der Sprache, die sich am krassesten im *Wörterbuch* zeigt, und die es möglich macht, daß *die Zeit* personifiziert werden konnte, was nicht weniger merkwürdig ist, als es wäre, wenn wir Gottheiten der logischen Konstanten hätten.

♦

Ein schönes Kleid, das sich in Würmer und Schlangen verwandelt (gleichsam koaguliert), wenn der, welcher es trägt, sich darin selbstgefällig in den Spiegel schaut.

♦

Die Freude an meinen Gedanken ist die Freude an meinem eigenen seltsamen Leben. Ist das Lebensfreude?

1932

♦

Die Philosophen, welche sagen: "nach dem Tod wird ein zeitloser Zustand eintreten", oder: "mit dem Tod tritt ein zeitloser Zustand ein", und nicht merken, daß sie im zeitlichen Sinne "nach" und "mit" und "tritt ein" gesagt haben, und, daß die Zeitlichkeit in ihrer Grammatik liegt.

◆

　　語言有一種把所有事物都劃上等號的力量，它在**辭典**裡尤其露骨，也因而得以把**時間**人格化，同樣奇怪的是，我們似乎把邏輯常項當成了神。

◆

　　當人穿上美麗的衣服對著鏡子顧影自憐，那件衣服就會變成（就像一種凝結作用）蠕蟲和蛇虺。

◆

　　我對於自己思想感到的喜悅，也正是對於我自己曲折離奇一生的喜悅。那就是人生樂趣嗎？

一九三二年

◆

　　哲學家說，「人死後會進入一個永恆[26]的狀態」，或是說，「人死時會開始一個永恆狀態」，卻沒有注意到他們用了「之後」、「同時」、「開始」之類具有時間意義的語詞，時間性早就深植在他們的語法裡。

---

26 譯注：「永恆」（zeitlos）直譯是「無時間性」，而和下文的「時間性」（Zeitlichkeit）相
　　對。

Circa 1932-1934

◆

Erinnere Dich an den Eindruck guter Architektur, daß sie einen Gedanken ausdrückt. Man möchte auch ihr mit einer Geste folgen.

◆

Spiele nicht mit den Tiefen des Andern!

◆

Das Gesicht ist die Seele des Körpers.

◆

Man kann den eigenen Charakter so wenig von Außen betrachten, wie die *eigene Schrift*. Ich habe zu meiner Schrift eine einseitige Stellung, die mich verhindert, sie auf gleichem Fuß mit anderen Schriften zu sehen und zu vergleichen.

◆

In der Kunst ist es schwer etwas zu sagen, was so gut ist wie: nichts zu sagen.

◆

An meinem Denken, wie an dem jedes Menschen, hängen die verdorrten Reste meiner früheren (abgestorbenen) Gedanken.

◆

Die musikalische *Gedankenstärke* bei Brahms.

約一九三二年至一九三四年

◆

你不妨回想一下傑出的建築給人的印象，那就是它表達了某個思想。我們會想要跟著它手舞足蹈。

◆

不要挑弄別人的內心深處。

◆

臉孔是身體的靈魂。

◆

人自己的性格不像**自己的筆跡**那樣，很難從外部加以觀察。我對於我的筆跡有一種片面而狹隘的態度，使我無法把它和他人的筆跡等量齊觀並且加以比較。

◆

在藝術裡，任何說法都比不上什麼都不說。

◆

在我的思考裡，正如每個人的思考，也附著了我往昔的（凋零了的）思考的乾枯殘渣。

◆

布拉姆斯的音樂的**思想力度**。

◆

Die verschiedenen Pflanzen und ihr menschlicher Charakter: Rose, Epheu, Gras, Eiche, Apfelbaum, Getreide, Palme. Verglichen mit dem verschiedenen Charakter der Wörter.

◆

Wenn man das Wesen der Mendelssohnschen Musik charakterisieren wollte, so könnte man es dadurch tun, daß man sagte, es gäbe vielleicht keine schwer verständliche Mendelssohnsche Musik.

◆

Jeder Künstler ist von Andern beeinflußt worden und zeigt die Spuren dieser Beeinflussung in seinen Werken; aber was er uns bedeutet, ist doch nur *seine* Persönlichkeit. Was vom Andern stammt, können nur Eierschalen sein. Daß sie da sind, mögen wir mit Nachsicht behandeln, aber unsere geistige Nahrung werden sie nicht sein.

◆

Es kommt mir manchmal vor, als philosophierte ich bereits mit einem zahnlosen Mund und als schiene mir das Sprechen mit einem zahnlosen Mund als das eigentliche, wertvollere. Bei Kraus sehe ich etwas Ähnliches. Statt, daß ich es als Verfall erkennte.

◆

　　形形色色的植物及其人類性格：玫瑰、常春藤、草、橡樹、蘋果樹、穀物、棕櫚樹。正如語詞也有形形色色的性格。

◆

　　如果要形容孟德爾頌的音樂的本質，那麼我們可以說，孟德爾頌或許沒有任何難懂的音樂。

◆

　　每個藝術家都曾經受到他人的影響，也在他的作品裡表現出這些影響的痕跡；可是唯有他的個性才對我們有意義。沿襲自他人的部分則只是蛋殼而已。我們應該體諒那些痕跡的存在，然而它們不會是我們心靈的資糧。

◆

　　有時我覺得是以一張沒有牙齒的嘴在從事哲學思考，對我而言，以沒有牙齒的嘴巴說話是真正的、更有價值的說話方式。我在克勞斯那裡也看到類似的情況。但我並不認為那是一種衰退。

1933

♦

Wenn etwa jemand sagt "A's Augen haben einen schöneren Ausdruck als B's", so will ich sagen, daß er mit dem Wort "schön" gewiß nicht dasjenige meint, was allem, was wir schön nennen, gemeinsam ist. Vielmehr spielt er ein Spiel von ganz geringem Umfang mit diesem Wort. Aber worin drückt sich das aus? Schwebte mir denn eine bestimmte enge Erklärung des Wortes "schön" vor? Gewiß nicht. - Aber ich werde vielleicht nicht einmal die Schönheit des Ausdrucks der Augen mit der Schönheit der Form der Nase vergleichen wollen.

Ja, man könnte etwa sagen: Wenn es in einer Sprache zwei Worte gäbe und also das Gemeinsame in diesem Falle nicht bezeichnet wäre, so würde ich für meinen Fall ruhig eines der beiden spezielleren Worte nehmen und es wäre mir nichts vom Sinn verloren gegangen.

♦

Wenn ich sage, A. habe schöne Augen, so kann man mich fragen: was findest Du an seinen Augen schön, und ich werde etwa antworten: die Mandelform, die langen Wimpern, die zarten Lider. Was ist das Gemeinsame dieser Augen mit einer gothischen Kirche, die ich auch schön finde? Soll ich sagen, sie machen mir einen ähnlichen Eindruck? Wie, wenn ich sagte: das Gemeinsame ist, daß meine Hand versucht ist, sie beide nachzuzeichnen? Das wäre jedenfalls eine *enge Definition* des Schönen.

一九三三年

♦

假如有人說「Ａ的眼神比Ｂ更美」，那麼我會說，他說的「美」當然不同於我們一般所謂的美。相反的，他是在玩一個範圍極其狹隘的語言遊戲。可是這其中表達了什麼嗎？在我心裡是否浮現了對於「美」這個語詞的一個相當狹隘的解釋？當然不是。——但是我或許根本不會比較眼神的美以及鼻型的美。

所以說，或許有人會說：假如一個語言裡有兩個語詞，而且在這個情況下並不是在描述同樣的事物，那麼就我的情況而言，我會只用其中一個特定的語詞，而不會減損我的意思。

♦

如果我說Ａ的眼睛很美，或許有人會問我：你覺得他的眼睛哪裡美？我大概會回答說：因為他有一雙杏核眼，睫毛纖長，眼瞼薄如蟬翼。這樣的眼睛和我同樣覺得很美的哥特式教堂有什麼共同點嗎？我應該說它們給我的印象很類似嗎？假如我說它們的共同點在於我都想要用手描繪它們呢？那應該是對於美的**狹義定義**吧。

Man wird oft sagen können: frage nach den Gründen, warum Du etwas gut oder schön nennst, und die besondere Grammatik des Wortes 'gut' in diesem Fall wird sich zeigen.

1933-1934

♦

Ich glaube meine Stellung zur Philosophie dadurch zusammengefaßt zu haben, indem ich sagte: Philosophie dürfte man eigentlich nur *dichten*. Daraus muß sich, scheint mir, ergeben, wie weit mein Denken der Gegenwart, Zukunft, oder der Vergangenheit angehört. Denn ich habe mich damit auch als einen bekannt, der nicht ganz kann, was er zu können wünscht.

♦

Wenn man in der Logik einen Trick anwendet, wen kann man tricken, außer sich selbst?

♦

Namen der Komponisten. Manchmal ist es die Projektionsmethode, die wir als gegeben betrachten. Wenn wir uns etwa fragen: Welcher Name würde den Charakter dieses Menschen treffen? Manchmal aber projizieren wir den Charakter in den Namen und sehen diesen als das Gegebene an. So scheint es uns, daß die uns wohl bekannten großen

人們往往會說：找出你為什麼說某個東西很好或很漂亮的理由，在這個情況下，「好」這個語詞的特殊語法就會水清魚現。

一九三三年至一九三四年

◆

我相信我已經總結了我對於哲學的立場，當我說：人其實只能以**詩**的形式書寫哲學。[27] 由此似乎可以推論我的思考究竟是屬於過去、現在或未來。因為我看起來也是一個沒辦法暢所欲為的人。

◆

如果你在邏輯裡設下了什麼圈套，那麼除了你自己以外，有誰中你的圈套呢？

◆

作曲家的名字。有時候我們會把這個投射方法視為既有的。比方說，我們會問自己：哪個名字才符合這個人的性格呢？可是有時候我們會把性格投射到名字上面，把它視為既有的東西。於是我們會覺得那些著名大師的名字和他們的作品真是相得益彰。

---

27 譯注：「dichten」除了「寫作」、「作詩」的意思以外，也有「虛構」的意思。

Meister gerade die Namen haben, die zu ihrem Werk passen.

1934

♦

Wenn Einer prophezeit, die künftige Generation werde sich mit diesen Problemen befassen und sie lösen, so ist das meist nur eine Art Wunschtraum, in welchem er sich für das entschuldigt, was er hätte leisten sollen, und nicht geleistet hat. Der Vater möchte, daß der Sohn das erreicht, was er nicht erreicht hat, damit die Aufgabe, die er ungelöst ließ, doch eine Lösung fände. Aber der Sohn kriegt eine *neue* Aufgabe. Ich meine: der Wunsch, die Aufgabe möge nicht unfertig bleiben, hüllt sich in die Voraussicht, sie werde von der nächsten Generation weitergeführt werden.

♦

Das überwältigende *Können* bei Brahms.

♦

Wer Eile hat, wird in einem Wagen sitzend unwillkürlich anschieben, obwohl er sich sagen kann, daß er den Wagen gar nicht schiebt.

♦

Ich habe auch, in meinen künstlerischen Tätigkeiten, nur *gute Manieren*.

一九三四年

◆

如果有個人預言說，下一個世代會致力於思考這些難題並且解決它們，那往往是個一廂情願的說法，用他以為做到的以及沒有做到的事找個台階下。父親會想要他的兒子成就他沒有完成的事，他沒有解決的課題也總算找到了答案。可是兒子有個**新**的課題。我的意思是：如果說他希望課題沒有解決，那麼這個願望其實是隱藏在一個預測裡，也就是認為下一代會繼續前進。

◆

布拉姆斯驚人的**潛能**。

◆

如果一個有急事的人坐在車子裡，他會不由自主地往前推，儘管他告訴自己說他根本沒有在推動車子。

◆

就我的藝術活動而言，我其實只是保持**禮貌**而已。

1936

◆

Die seltsame Ähnlichkeit einer philosophischen Untersuchung (vielleicht besonders in der Mathematik) mit einer ästhetischen. (Z.B., was an diesem Kleid schlecht ist, wie es gehörte, etc.)

1934 oder 1937

◆

In den Zeiten der stummen Filme hat man alle Klassiker zu den Filmen gespielt, aber nicht Brahms und Wagner.

Brahms nicht, weil er zu abstrakt ist. Ich kann mir eine aufregende Stelle in einem Film mit Beethovenscher oder Schubertscher Musik begleitet denken und könnte eine Art Verständnis für die Musik durch den Film bekommen. Aber nicht ein Verständnis Brahmsscher Musik. Dagegen geht Bruckner zu einem Film.

1937

◆

Wenn du ein Opfer bringst und dann darauf eitel bist, so wirst du mit samt deinem Opfer verdammt.

一九三六年

◆

　　哲學探究（或許特別是數學）以及美感研究（例如說這件衣服有什麼缺點，以及它所屬的樣式之類的）之間的奇特相似性。

一九三四年或一九三七年

◆

　　在默片的年代裡，人們會以各式各樣的古典音樂作品作為電影配樂，除了布拉姆斯和華格納的作品之外。

　　他們不會採用布拉姆斯的作品，因為他太抽象了。在一部電影慷慨激昂的場景裡，我會想像採用貝多芬或者舒伯特的音樂，或許可以經由電影理解那些音樂。可是我們沒辦法如此理解布拉姆斯的音樂。相反的，布魯克納的音樂很適合當作電影配樂。

一九三七年

◆

　　如果你獻祭並且為此沾沾自喜，那麼你和你的祭物都會受詛咒。

◆

Das *Gebäude Deines Stolzes* ist abzutragen. Und das gibt furchtbare Arbeit.

◆

In einem Tag kann man die Schrecken der Hölle erleben; es ist reichlich genug Zeit dazu.

◆

Es ist ein großer Unterschied zwischen den Wirkungen einer Schrift, die man leicht fließend lesen kann und einer, die man schreiben, aber nicht *leicht* entziffern kann. Man schließt in ihr die Gedanken ein, wie in einer Schatulle.

◆

Die größere 'Reinheit' der nicht auf die Sinne wirkenden Gegenstände, z.B., der Zahlen.

◆

Das Licht der Arbeit ist ein schönes Licht, das aber nur dann wirklich schön leuchtet, wenn es von noch einem andern Licht erleuchtet wird.

◆

"Ja, so ist es", sagst Du, "denn so *muß* es sein!"

(Schopenhauer: der Mensch lebt eigentlich 100 Jahre lang.)

"Natürlich, so muß es sein!" Es ist da, als habe man die Absicht

◆

你傲慢的大樓必須拆除。而那是極為艱難的工作。

◆

人可以在一天之內經歷到地獄的恐怖；時間很夠用。

◆

一部讀起來很流暢的作品，以及一部你可以抄寫下來卻**難以解讀**的作品，它們的作用有個重大的差別。那種作品就像錢櫃一樣，人們把他們的想法鎖在裡面。

◆

對於感官不起作用的對象擁有更高的「純粹性」，例如說數字。

◆

工作散發出來的光是一種美麗的光，但是唯有在另一道光的照射下，它才會真正閃耀其美麗。

◆

「是啊，就是這樣，」你說：「因為**本該如此！**」

（叔本華說：人本該活到一百歲。）[28]

「當然，本該如此！」你一副說得好像明白造物主的旨意似

---

28 譯注：「《奧義書》（Vol. II, p. 53）說人的自然壽命是一百歲，我認為是正確的；因為我注意到只有超過九十歲的人才得以真正無疾而終，也就是說，沒有任何疾病，沒有中風、抽搐、氣喘，也沒有臉色蒼白，大多只是安坐著，吃飽飯了，然後就死去了，那甚至根本不叫作死亡，只是不再活著而已。」（Arthur Schopenhauer, *Aphorismen zur Lebensweisheit*, 1913, S. 220）

eines Schöpfers verstanden. Man hat das *System* verstanden.

Man fragt sich nicht 'Wie lange leben denn Menschen wirklich?', das erscheint jetzt als etwas Oberflächliches; sondern man hat etwas tiefer Liegendes verstanden.

◆

Nur so nämlich können wir unsere Behauptungen der Ungerechtigkeit - oder Leere unserer Behauptungen entgehen, indem wir das Ideal als das, was es *ist*, nämlich als Vergleichsobjekt - sozusagen als Maßstab - in unsrer Betrachtung ansehen statt als das Vorurteil, dem Alles konformieren *muß*. Hierin nämlich liegt der Dogmatismus, in den die Philosophie so leicht verfallen kann.

◆

Was ist denn aber das Verhältnis einer Betrachtung wie der Spenglers und der meinen? Die Ungerechtigkeit bei Spengler: Das Ideal verliert nichts von seiner Würde, wenn es als Prinzip der Betrachtungsform hingestellt wird. Eine gute Meßbarkeit. -

◆

In Macaulays Essays ist vieles ausgezeichnet; nur seine *Werturteile* über Menschen sind lästig und überflüssig. Man möchte ihm sagen: laß die Gestikulation! und sag nur, was Du zu sagen hast.

◆

Beinahe ähnlich, wie man sagt, daß die alten Physiker plötzlich

的。你明白了整個**系統**。

你不會問「那麼人真正活到幾歲？」，現在那聽起來很膚淺；你已經認識了更深層的東西。

♦

不讓我們的斷言被扭曲——被空洞化——的唯一辦法，就是在思考的時候如實地檢視我們的理想，也就是把它視為一個比較的對象——所謂的度量工具，而不是把它視為所有事物都**必須**被套進去的成見。使哲學容易墮落的獨斷論就存在於此。[29]

♦

那麼諸如史賓格勒之類的人們的思考和我的思考有什麼關聯性？史賓格勒有一個不當觀點：即使理想被描述為思考形式的原則，也不會減損它的尊嚴。一個很好的判準。——

♦

麥考利[30]的散文有許多讓人拍案叫絕之處；然而他對於人類的**價值判斷**既惱人又累贅。或許有人會對他說：別再比手畫腳了！說你該說的就行了。

♦

早期的物理學家突然領悟到他們掌握到的數學知識不足以駕馭

---

29 譯注：見 *Philosophische Untersuchungen*, §131。

30 譯注：麥考利（Thomas Babington Macaulay, 1800-1859），英國歷史學家和政治家，主張歐洲中心主義以及社會進步論。

gefunden haben, daß sie zu wenig Mathematik verstehen, um die Physik bewältigen zu können, kann man sagen, daß die jungen Menschen heutzutage plötzlich in der Lage sind, daß der normale, gute Verstand für die seltsamen Ansprüche des Lebens nicht mehr ausreicht. Es ist alles so verzwickt geworden, daß, es zu bewältigen, ein ausnahmsweiser Verstand gehörte. Denn es genügt nicht mehr, das Spiel gut spielen zu können; sondern immer wieder ist die Frage: ist dieses Spiel jetzt überhaupt zu spielen und welches ist das rechte Spiel?

◆

Die Lösung des Problems, das Du im Leben siehst, ist eine Art zu leben, die das Problemhafte zum Verschwinden bringt.

Daß das Leben problematisch ist, heißt, daß Dein Leben nicht in die Form des Lebens paßt. Du mußt dann Dein Leben verändern, und paßt es in die Form, dann verschwindet das Problematische.

Aber haben wir nicht das Gefühl, daß der, welcher nicht darin ein Problem sieht, für etwas Wichtiges, ja das Wichtigste, blind ist? Möchte ich nicht sagen, der lebe so dahin - eben blind, gleichsam wie ein Maulwurf, und wenn er bloß sehen könnte, so sähe er das Problem?

Oder soll ich nicht sagen: daß, wer richtig lebt, das Problem nicht als *Traurigkeit*, also doch nicht problematisch, empfindet, sondern vielmehr als eine Freude; also gleichsam als einen lichten Äther um sein Leben, nicht als einen fraglichen Hintergrund.

物理學，同理，我們也可以說，現在的年輕人突然淪落到一個境地，也就是沒有足夠的常識去應付生活的奇怪要求。一切都變得如此複雜而棘手，唯有超乎尋常的知識才可以駕馭它們。因為他們再也沒有辦法在遊戲裡游刃有餘；同一個問題一再出現：這個遊戲還可以玩嗎？哪些遊戲才是正當的？

◆

你在生活裡看到的難題的答案，都是一種讓難題消失的生活方式。

人生是個難題，意思是說你的生活不符合生活的模型。你必須改變你的生活，使它套入生活的模型，難題就會消失了。

然而我們難道不覺得那些看不到難題的人，其實是對於重要的事物視若無睹，甚至是最重要的事物？難道我不該說，這樣混日子的人──盲目地生活著，就像是鼴鼠一樣，就算他看得見，他可以看到難題在哪裡嗎？

或者難道我不應該說：正當生活的人不會覺得難題是讓人**悲傷的事**，所以在他眼裡，那並不是什麼難題，而是開心的事；也就是說，它就像是在他生活四周的明亮以太，而不是一個可疑的背景。

♦

Auch Gedanken fallen manchmal unreif vom Baum.

♦

Es ist für mich wichtig, beim Philosophieren immer meine Lage zu verändern, nicht zu lange auf *einem* Bein zu stehen, um nicht steif zu werden.

Wie, wer lange bergauf geht, ein Stückchen rückwärts geht, sich zu erfrischen, andere Muskeln anzuspannen.

♦

Das Christentum ist keine Lehre, ich meine, keine Theorie darüber, was mit der Seele des Menschen geschehen ist und geschehen wird, sondern eine Beschreibung eines tatsächlichen Vorgangs im Leben des Menschen. Denn die 'Erkenntnis der Sünde' ist ein tatsächlicher Vorgang, und die Verzweiflung desgleichen und die Erlösung durch den Glauben desgleichen. Die, die davon sagen (wie Bunyan), beschreiben einfach, was ihnen geschehen ist, was immer einer dazu sagen will.

♦

Wenn ich mir Musik vorstelle, was ich ja täglich und oft tue, so reibe ich dabei - ich glaube immer - meine oberen und unteren Vorderzähne rhythmisch an einander. Es ist mir schon früher aufgefallen, geschieht aber für gewöhnlich ganz unbewußt. Und zwar ist es, als würden die Töne meiner Vorstellung durch diese Bewegung erzeugt. Ich

◆

有時候，思想也會還沒有成熟就從樹上掉下來。

◆

在從事哲學思考時不斷變換陣地，不要因為長時間單腳站立而導致傾斜，這對我是很重要的事。

就像一個人走一段很長的上坡路，他往回走了一段以恢復體力，伸展一下其他的肌肉。

◆

基督教不是什麼學說，我是說，它不是關於人類心靈現在或未來的事件的理論，而是在描述人生的真實事件。因為「認識罪」是個真實的事件，而絕望以及因信得救也是真實的事件。而談到這些事的人（例如班揚）[31]，不管說得多麼天花亂墜，都只是在講述事件的本末始終。

◆

我每天都會經常想像一段樂曲，我的上下排牙齒會——我相信我一直是如此——有節奏地叩齒。我很早就注意到這點，卻無意識而習慣性地做這個動作。彷彿我想像中的音調是由這個動作產生的。我相信這種傾聽內在聲音的方式或許相當普遍。我當然也可以不用叩齒而想像音樂，可是音調會更加虛無縹緲、更加含糊不清，

---

31 譯注：班揚（John Bunyan, 1628-1688），英國作家和傳教士，著有《天路歷程》（*The Pilgrim's Progress from This World, to That Which Is to Come*, 1678）。

glaube, daß diese Art, im Innern Musik zu hören, vielleicht sehr allgemein ist. Ich kann mir natürlich auch ohne die Bewegung meiner Zähne Musik vorstellen, die Töne sind aber dann viel schemenhafter, viel undeutlicher, weniger prägnant.

◆

Auch im Denken gibt es eine Zeit des Pflügens und eine Zeit der Ernte.

◆

Wenn man z.B. gewisse bildhafte Sätze als Dogmen des Denkens für die Menschen festlegt, so zwar, daß man damit nicht Meinungen bestimmt, aber den *Ausdruck* aller Meinungen völlig beherrscht, so wird dies eine sehr eigentümliche Wirkung haben. Die Menschen werden unter einer unbedingten, fühlbaren Tyrannei leben, ohne doch sagen zu können, sie seien nicht frei. Ich meine, daß die katholische Kirche es irgendwie ähnlich macht. Denn das Dogma hat die Form des Ausdrucks einer Behauptung, und es ist an ihm nicht zu rütteln, und dabei *kann* man jede praktische Meinung mit ihm in Einklang bringen; freilich manche leichter, manche schwerer. Es ist keine *Wand* die Meinung zu beschränken, sondern wie eine *Bremse*, die aber praktisch den gleichen Dienst tut; etwa als hängte man, um Deine Bewegungsfreiheit zu beschränken, ein Gewicht an Deinen Fuß. Dadurch nämlich wird das Dogma unwiderlegbar und dem Angriff entzogen.

而沒有那麼清晰有力。

◆

思考也有一個整田期和一個收成期。

◆

如果我們以某種形象生動的命題為人們說明思考的教條，那麼儘管我們沒有規定種種意見，卻完全掌控了所有意見的**表述**，那會產生一個相當詭異的效果。人們會生活在一個絕對而且有感的專制統治之下，卻不能說他們是不自由的。我的意思是，天主教會也是在做類似的事。因為教義也有一個斷言的表述形式，而且是不可動搖的，然而任何實務性的意見卻又**可以**和它並行不悖；當然難易程度各自不同。那不是一堵限制意見的**牆**，而是一個**煞車**，但是在實際功能上是一樣的；大概就像是在你的腳上掛了鉛塊，限制你的行動自由。如此教義就變得不可反駁而且免於任何抨擊。

◆

Wenn ich für mich denke, ohne ein Buch schreiben zu wollen, so springe ich um das Thema herum; das ist die einzige mir natürliche Denkweise. In einer Reihe gezwungen, fortzudenken, ist mir eine Qual. Soll ich es nun überhaupt probieren??

Ich *verschwende* unsägliche Mühe auf ein Anordnen der Gedanken, das vielleicht gar keinen Wert hat.

◆

Leute sagen gelegentlich, sie könnten das und das nicht beurteilen, sie hätten nicht Philosophie gelernt. Dies ist ein irritierender Unsinn; denn es wird vorgegeben, die Philosophie sei irgendeine Wissenschaft. Und man redet von ihr etwa wie von der Medizin. - Das aber kann man sagen, daß Leute, die nie eine Untersuchung philosophischer Art angestellt haben, wie die meisten Mathematiker z.B., nicht mit den richtigen Sehwerkzeugen für derlei Untersuchung oder Prüfung ausgerüstet sind. Beinahe, wie Einer, der nicht gewohnt ist, im Wald nach Blumen, Beeren oder Kräutern zu suchen, keine findet, weil sein Auge für sie nicht geschärft ist, und er nicht weiß, wo insbesondere man nach ihnen ausschauen muß. So geht der in der Philosophie Ungeübte an allen Stellen vorbei, wo Schwierigkeiten unter dem Gras verborgen liegen, während der Geübte dort stehenbleibt und fühlt, hier sei eine Schwierigkeit, obgleich er sie noch nicht sieht. - Und kein Wunder,

◆

　　如果我只是為自己在思考而不想著書立說，那麼我會就一個主題翻來覆去地跳躍；那是我唯一的自然的思考方式。強迫自己依據一個程序往下思考，對我而言是一種折磨。我應該試試看嗎？

　　我浪費了難以言喻的工夫在整理我的思考上面，那或許是完全沒有價值的事。

◆

　　有時候人們會說，他們沒辦法評斷這個或那個事情，因為他們沒有學過哲學。這是相當惱人的無稽之談；因為他們會假托說哲學也是一種科學。他們在談論哲學時就像在談論醫學似的。——可是我們可以說，從來沒有從事哲學研究的人，就像大部分的數學家一樣，並沒有具備這種研究或檢驗的正確視覺器官。那差不多就像是一個不習慣在森林裡找尋花、漿果或藥草的人，他什麼也找不著，因為他的眼睛在分辨植物方面不夠敏銳，也不知道要到哪些特別的地方去找。於是，沒有哲學訓練的人會錯失了隱覆著難題的草叢，而訓練有素的人則會停下腳步，感覺到那裡有個難題，雖然他還沒有看到它。——而如果你知道就算是訓練有素的人，就算他察覺到那裡有個難題，他也要花一番工夫尋尋覓覓才有辦法發現它，那麼你就不會大驚小怪了。

wenn man weiß, wie lange auch der Geübte, der wohl merkt, hier liege eine Schwierigkeit, suchen muß, um sie zu finden.

Wenn etwas gut versteckt ist, ist es schwer zu finden.

♦

Man kann von religiösen Gleichnissen sagen, sie bewegen sich am Rande des Abgrundes. Z.B., von der Allegorie B ⟨unyan⟩ 's. Denn wie, wenn wir bloß dazusetzen: "und alle diese Fallen, Sümpfe, Abwege, sind vom Herrn des Weges angelegt, die Ungeheuer, Diebe, Räuber von ihm geschaffen worden"? Gewiß, das ist nicht der Sinn des Gleichnisses! aber diese Fortsetzung liegt zu nahe! Sie nimmt dem Gleichnis, für Viele und für mich, seine Kraft.

Dann aber besonders, wenn dies - sozusagen - verschwiegen wird. Anders wäre es, wenn auf Schritt und Tritt offen gesagt würde: 'Ich brauche dies als Gleichnis, aber schau: hier stimmt es nicht'. Dann hätte man nicht das Gefühl, daß man hintergangen wird, daß jemand versucht mich auf Schleichwegen zu überzeugen. Man kann Einem z.B. sagen: "Danke Gott für das Gute, was Du empfängst, aber beklage Dich nicht über das Übel: wie Du es natürlich tätest, wenn ein Mensch Dir abwechselnd Gutes und Übles widerfahren ließe." Es werden Lebensregeln in Bilder gekleidet. Und diese Bilder können nur dienen, zu *beschreiben*, was wir tun sollen, aber nicht dazu, es zu *begründen*. Denn um begründen zu können, dazu müßten sie auch weiter stimmen. Ich

如果某個東西藏得很隱密，它就很難被找到。

◆

宗教的譬喻可以說是行走在深淵的邊緣。例如班揚的寓言。因為我們是否也可以說「而所有這些陷阱、泥沼、歧路，都是天路的主所設置的，怪物、小偷和盜賊也是祂造的」？當然，這並不是譬喻的本意！然而人們會接著這麼說，那也是可想而知的事！對於許多人以及我而言，那會剝奪了譬喻的力量。

更特別的是當人們對此隻字不提的時候。如果人們每次都說「我必須使用這個譬喻，可是你瞧：它在這裡並不恰當」，那就不一樣了。那麼你就不會覺得被誆騙，也不覺得有人鬼鬼祟祟地要說服你。例如說，有人會對你說：「你要感謝賜予你的所有恩惠，但是不要抱怨祂降予的災禍：儘管當有人對你前倨後恭時，你當然會嗤之以鼻。」人生的準則被包裝成種種畫面。而這些畫面只能用來**描寫**我們應該怎麼做，而沒辦法提出任何**證明**。為了證成它，那些畫面必須有更多相應之處。我可以說：「你要謝謝蜜蜂賜予你蜂蜜，彷彿牠們是慷慨解囊的大善人。」這句話**很好懂**，它描述了我希望你應該怎麼做。可是我不可以說：「你要謝謝牠們，因為你瞧牠們多麼友善啊！」——因為牠們可能在下一瞬間就會螫你一下。

kann sagen: "Danke diesen Bienen für ihren Honig, als wären sie gute Menschen, die ihn für Dich bereitet haben"; das ist *verständlich* und beschreibt, wie ich wünsche, Du sollest Dich benehmen. Aber nicht: "Danke ihnen, denn sieh', wie gut sie sind!" - denn sie können Dich im nächsten Augenblick stechen.

Die Religion sagt: *Tu dies! - Denk so!* - aber sie kann es nicht begründen, und versucht sie es auch nur, so stößt sie ab; denn zu jedem Grund, den sie gibt, gibt es einen stichhaltigen Gegengrund. Überzeugender ist es, zu sagen: "Denke so! - so seltsam dies scheinen mag." Oder: "Möchtest Du das nicht tun? - so abstoßend es ist."

Gnadenwahl: So darf man nur schreiben unter den fürchterlichsten Leiden - und dann heißt es etwas ganz anderes. Aber darum darf dies auch niemand als Wahrheit zitieren, es sei denn, er selbst sage es unter Qualen. - Es ist eben keine Theorie. - Oder auch: Ist dies Wahrheit, so ist es nicht die, die damit auf den ersten Blick ausgesprochen zu sein scheint. Eher als eine Theorie, ist es ein Seufzer, oder ein Schrei.

♦

Russell tat im Laufe unserer Gespräche oft den Ausspruch: "Logic's hell!" - Und dies drückt *ganz* aus, was wir beim Nachdenken über die logischen Probleme empfanden; nämlich ihre ungeheure Schwierigkeit, ihre Härte und *Glätte*.

Der Hauptgrund dieser Empfindung war, glaube ich, das Faktum:

宗教說：**你要這麼做！**──**你要這麼想！**──但是它說不出理由來，一旦它試圖證明什麼，就會讓人相當反感；因為對於它提出的任何證明，都有個顛撲不破的反證。更有說服力的說法是：「你要這麼想！──就算它似乎很奇怪。」或者說：「你真的不想這麼做嗎？──就算你再怎麼不情願。」

　　預定（神恩的選擇）：唯有在極為可怕的苦難下才可以這麼寫──而且它的意思也完全不一樣。可是正因為如此，也沒有人可以引以為真理，除非他就是在痛苦的折磨下說出這句話的。──它根本不是什麼理論。──或者也可以說：如果這是真理，那也不是乍看下就說得出來的真理。它與其說是理論，不如說是一聲嘆息，或者是一聲吶喊。

◆

　　在我們的談話中，羅素往往會說：「邏輯真是個地獄！」這**完全**說明了我們在思考邏輯難題時的感受；也就是它巨大的艱難，它的堅硬和它的**滑溜**。

　　我相信這個感覺的主要理由在於一個事實：每個新的語言現

daß jede neue Erscheinung der Sprache, an die man nachträglich denken mochte, die frühere Erklärung als unbrauchbar erweisen könnte. (Die Empfindung war, daß die Sprache immer neue, und unmögliche, Forderungen heranbringen konnte; und so jede Erklärung vereitelt wurde.)

Das aber ist die Schwierigkeit, in die Sokrates verwickelt wird, wenn er die Definition eines Begriffes zu geben versucht. Immer wieder taucht eine Anwendung des Wortes auf, die mit dem Begriff nicht vereinbar erscheint, zu dem uns andere Anwendungen geleitet haben. Man sagt: es *ist* doch nicht so! - aber es *ist* doch so! - und kann nichts tun, als sich diese Gegenstände beständig zu wiederholen.

◆

Die Quelle, die in den Evangelien ruhig und durchsichtig fließt, scheint in den Briefen des Paulus zu *schäumen*. Oder, so scheint es *mir*. Vielleicht ist es eben bloß meine eigene Unreinheit, die hier die Trübung hineinsieht; denn warum sollte diese Unreinheit nicht das Klare verunreinigen können? Aber *mir* ist es, als sähe ich hier menschliche Leidenschaft, etwas wie Stolz oder Zorn, was sich nicht mit der Demut der *Evangelien* reimt. Als wäre hier *doch* ein Betonen der eigenen Person, *und zwar als religiöser Akt*, was dem Evangelium fremd ist. Ich möchte fragen - und möge dies keine Blasphemie sein -: "Was hätte wohl Christus zu Paulus gesagt?" Aber man könnte mit Recht darauf antworten: Was geht Dich das an? Schau, daß *Du* anständiger wirst! Wie Du bist, kannst

象，當我們事後回想一下，它們都可以證明以前的解釋並不管用。（這個感覺是，語言總是有辦法提出新的、不可能的要求；因而使得所有解釋都白費了。）

可是這正是蘇格拉底在試圖定義一個概念時陷入的困境，語詞會一再出現和由其他用法推論出來的概念看似不相容的用法。我們要說：其實不然！──卻又看似如此！──我們所能做的，就只是不斷重複這個對立。

♦

在福音書裡靜謐而清澈地流動的清泉，在保羅的書信裡似乎都變成了**泡沫**。或者是在**我**看來如此。或許只是我自己的不潔淨看見了這裡的汙濁；這個不潔淨怎麼不會汙染清澈的東西呢？但是對**我**而言，我似乎看到了人類的激情，傲慢或憤怒之類的，它們和**福音書**的謙卑不同調。彷彿在這裡強調的是個人，**而且是作為一種宗教行為**，那在福音書裡是相當罕見的。我想要問的是──但願那不是瀆神──：「基督可能對保羅說了什麼？」可是人們可以合理地回答說：那關你什麼事？**你**只管做個更正直的人就行了！就憑你現在這副德性，你根本搞不懂這裡會有什麼真理。

Du überhaupt nicht verstehen, was hier die Wahrheit sein mag!

In den Evangelien - so scheint mir - ist alles *schlichter*, demütiger, einfacher. Dort sind Hütten; bei Paulus eine Kirche. Dort sind alle Menschen gleich und Gott selbst ein Mensch; bei Paulus gibt es schon etwas wie eine Hierarchie; Würden und Ämter. - so sagt quasi mein GERUCHSINN.

♦

Laß uns menschlich sein. -

♦

⟨Ich⟩ nahm soeben Äpfel aus einem Papiersack, wo sie lange gelegen hatten; viele mußte ich zur Hälfte wegschneiden und wegwerfen. Als ich dann einen Satz von mir abschrieb, dessen letzte Hälfte schlecht war, sah ich ihn gleich als zur Hälfte faulen Apfel. Und so geht es mir überhaupt. Alles, was mir in den Weg kommt, wird in mir zum Bild dessen, worüber ich noch denke. (Ist dies eine gewisse Weiblichkeit der Einstellung?)

♦

Mir geht es bei dieser Arbeit so, wie es Einem geht, wenn man sich vergebens anstrengt, einen Namen in die Erinnerung zu rufen; man sagt da: "denk an etwas Anderes, dann wird es Dir einfallen" - und so mußte ich immer wieder an Anderes denken, damit mir das einfallen konnte, wonach ich lange *gesucht* hatte.

在福音書裡——在我看來——一切都**更加直截了當**、謙卑而簡單。在那裡，你可以看到棚舍；而保羅看到的是一個教會。在那裡，所有人都是平等的，而自己也是一個人；到了保羅眼裡，就已經有了一個位階；頭銜和職位。——那似乎是我的**嗅覺**告訴我的。

♦

讓我們有一點人性吧。——

♦

我正好從一只紙袋子拿出幾顆蘋果，它們擺了一陣子了；有好幾顆蘋果我必須切掉一半丟棄。後來我重寫了一句以前的話，它的後半段真是不忍卒睹，在我眼裡，它就像腐敗了一半的蘋果。所以說，我自己也一直是如此。凡是阻礙我的事物，在我心裡都會成為我在思考的問題的畫面。（這種作法是否有點女性化？）

♦

在從事這個工作的時候，就像一個人拚命要從記憶裡叫出一個名字來卻徒勞無功；這時候有人會說：「那麼就想點別的事，到時候你就會想起來了。」——於是我不得不一再思考其他事物，才想得起來我長久以來在找尋什麼。

◆

Der Ursprung und die primitive Form des Sprachspiels ist eine Reaktion; erst auf dieser können die komplizierteren Formen wachsen.

Die Sprache - will ich sagen - ist eine Verfeinerung, 'im Anfang war die Tat'.

◆

Kierkegaard schreibt: Wenn das Christentum so leicht und gemütlich wäre, wozu hätte Gott in seiner Schrift Himmel und Erde in Bewegung gesetzt, mit *ewigen* Strafen gedroht? - Frage: Warum aber ist dann diese Schrift so undeutlich? Wenn man jemand vor furchtbarer Gefahr warnen will, tut man es, indem man ihm ein Rätsel zu raten gibt, dessen Lösung etwa die Warnung ist? - Aber wer sagt, daß die Schrift wirklich undeutlich ist: ist es nicht möglich, daß es hier wesentlich war, 'ein Rätsel aufzugeben'? Daß eine direktere Warnung dennoch die *falsche* Wirkung hätte haben müssen? Gott läßt das Leben des Gottmenschen von *vier* Menschen berichten, von jedem anders, und widersprechend - aber kann man nicht sagen: Es ist wichtig, daß dieser Bericht nicht mehr als sehr gewöhnliche historische Wahrscheinlichkeit habe, *damit* diese nicht für das Wesentliche, Ausschlaggebende gehalten werde. Damit der *Buchstabe* nicht mehr Glaube fände, als ihm gebührt und der *Geist* sein Recht behalte. D.h.: Was Du sehen sollst, läßt sich auch durch den besten, genauesten Geschichtsschreiber nicht vermitteln; *darum* genügt,

◆

　　語言遊戲的起源和原始形式，其實是一個反應；唯有以它為基礎，種種更複雜的形式才會開花結果。

　　語言——我要說——是一種提煉，「太初有為。」[32]

◆

　　齊克果寫道：如果基督教可以這麼輕鬆愜意，神為什麼要在祂的聖經經文裡讓天地轉動，又以**永罰**威脅人呢？——問題是：為什麼這段經文要那麼曖昧不清呢？如果我們要警告人說他會大難臨頭，我們會出一個謎題給他，而警告就在謎底裡嗎？——然而誰會說聖經其實就是那麼曖昧不清呢？有沒有可能在這裡「出一個謎題」才是重點呢？直接的警告會不會適得其**反**呢？神讓**四**個人記述神子的一生，他們各說各話而又彼此矛盾——但是我們難道不能說，這些敘事的歷史可能性並不特別高，**因而**不能視為重要的、決定性的說法？所以說，**字義**的可信性有其限度，我們也要實事求是地探究其**精神**。也就是說：歷史學家再怎麼優秀而信實，也不能告訴你說你應該看到什麼；所以說，中規中矩的記事**就**足夠了。因為你應該知道的，那些記事都可以告訴你。（差不多就像是一個平庸的劇場設計勝過一個繁複的設計，用畫的樹勝過真正的樹——因為那會讓觀眾的注意力偏離了真正重要的東西。）

32　譯注：見歌德：《浮士德》，頁93，錢春綺譯，商周出版，2021。

ja ist vorzuziehen, eine mittelmäßige Darstellung. Denn, was Dir mitgeteilt werden soll, kann die auch mitteilen. (Ähnlich etwa, wie eine mittelmäßige Theaterdekoration besser sein kann, als eine raffinierte, gemalte Bäume besser als wirkliche, - die die Aufmerksamkeit von dem ablenken, worauf es ankommt.)

♦

Das Wesentliche, für Dein Leben Wesentliche, aber legt der Geist in diese Worte. Du SOLLST gerade nur das deutlich sehen, was auch *diese* Darstellung deutlich zeigt. (Ich weiß nicht sicher, wie weit dies alles genau im Geiste Kierkegaards ist.)

♦

In der Religion müßte es so sein, daß jeder Stufe der Religiosität eine Art des Ausdrucks entspräche, die auf einer niedrigeren Stufe keinen Sinn hat. Für den jetzt auf der niedrigern Stufe Stehenden ist diese Lehre, die auf der höheren Bedeutung hat, null und nichtig; sie *kann* nur *falsch* verstanden werden, und dabei gelten diese Worte für diesen Menschen *nicht*.

Die Lehre, z.B., von der Gnadenwahl bei Paulus ist auf meiner Stufe Irreligiosität, ein häßlicher Unsinn. Daher gehört sie nicht für mich, da ich das mir gebotene Bild nur falsch anwenden kann. Ist es ein frommes und gutes Bild, dann für eine ganz andere Stufe, auf der es gänzlich anders im Leben muß angewandt werden, als ich es anwenden könnte.

◆

可是聖靈把重要的事物，對你的生命重要的事物，都寫在這些文字裡。只有**這些**敘事清楚呈現的東西，才是你**應該**清楚看到的。（我不是很確定要依據齊克果的思想把這個看法延伸到多遠。）

◆

在宗教裡，每個信仰層次應該都會對應到一種表述方式，那種方式在世俗諦上是沒有意義的。在勝義諦上有意義的教義，對於初學者而言是無意義的；他只會**誤解**它，此外這些文字對於這些人而言也是**無效**的。

例如保羅的預定論教義，就我的層次而言是不敬神的，是卑鄙的無稽之談。可是它並不屬於我的層次，因為我只會誤用它對我呈現的圖像。如果說它是個虔誠的、好的圖像，那也是屬於完全另一個層次，完全不同的應用方式，而那是我做不到的。

◆

Das Christentum gründet sich nicht auf eine historische Wahrheit, sondern es gibt uns eine (historische) Nachricht und sagt: jetzt glaube! Aber nicht, glaube diese Nachricht mit dem Glauben, der zu einer geschichtlichen Nachricht gehört, - sondern: glaube, durch dick und dünn und das kannst Du nur als Resultat eines Lebens. *Hier hast Du eine Nachricht, - verhalte Dich zu ihr nicht, wie zu einer anderen historischen Nachricht!* Laß sie eine *ganz andere* Stelle in Deinem Leben einnehmen. - Daran ist nichts *Paradoxes!*

◆

Niemand kann mit Wahrheit von sich selbst sagen, daß er Dreck ist. Denn wenn ich es sage, so kann es in einem Sinne wahr sein, aber ich kann nicht selbst von dieser Wahrheit durchdrungen sein: sonst müßte ich wahnsinnig werden, oder mich ändern.

◆

So sonderbar es klingt: Die historischen Berichte der Evangelien könnten, im historischen Sinn, erweislich falsch sein, und der Glaube verlöre doch nichts dadurch: aber *nicht,* weil er sich etwa auf 'allgemeine Vernunftwahrheiten' bezöge!, sondern, weil der historische Beweis (das historische Beweis-Spiel) den Glauben gar nichts angeht. Diese Nachricht (die Evangelien) wird glaubend (d.h. liebend) vom Menschen ergriffen. *Das* ist die Sicherheit dieses Für-wahr-haltens, nicht *Anderes.*

◆

　基督教並不是建立在一個歷史真相之上，它只是給我們一個
（歷史）敘事，並且說：現在信吧！然而不是要我們像相信一則歷
史敘事一樣的相信它——而是：你要相信，不管任何艱難險阻，而
唯有歷經了世事滄桑、人生百態，你才能夠做到這點。**現在你有了
一個敘事——不要把它和其他歷史敘事混為一談！把它放在你生命
裡的一個完全不同的位置上。——這沒有什麼弔詭的！**

◆

　沒有人可以在真正的意義下說自己是個卑鄙的人。因為如果我
那麼說，它有可能在某個意義下為真，可是我沒辦法心悅誠服地接
受這個真相：否則我會發瘋，或者必須改變我自己。

◆

　聽起來真是怪異：福音書的歷史記載，有可能在歷史的意義下
證明為偽，人們卻並不會因此喪失信仰：然而那**不是**因為信仰是關
乎「普遍的理性真理」！而是因為歷史的證明（歷史的證明遊戲）
和信仰無關。人們是以信仰（也就是愛）去擷取這些敘事（福音
書）。那是**這種**信以為真的確定性，而不是**其他的**確定性。

Der Glaubende hat zu diesen Nachrichten *weder* das Verhältnis zur historischen Wahrheit (Wahrscheinlichkeit), *noch* das zu einer Lehre von 'Vernunftwahrheiten'. Das gibt's. - (Man hat ja sogar zu verschiedenen Arten dessen, was man Dichtung nennt, ganz verschiedene Einstellungen!).

♦

Ich lese: "Und niemand kann Jesum einen Herrn heißen, außer durch den heiligen Geist." - Und es ist wahr: ich kann ihn keinen *Herrn* heißen; weil mir das gar nichts sagt. Ich könnte ihn 'das Vorbild', ja 'Gott' nennen - oder eigentlich: ich kann verstehen, wenn er so genannt wird; aber das Wort "Herr" kann ich nicht mit Sinn aussprechen. *Weil ich nicht glaube*, daß er kommen wird, mich zu richten; weil mir *das* nichts sagt. Und das könnte mir nur etwas sagen, wenn ich *ganz* anders lebte.

Was neigt auch mich zu dem Glauben an die Auferstehung Christi hin? Ich spiele gleichsam mit dem Gedanken. - Ist er nicht auferstanden, so ist er im Grab verwest, wie jeder Mensch. *Er ist tot und verwest.* Dann ist er ein Lehrer, wie jeder andere und kann nicht mehr *helfen*; und wir sind wieder verwaist und allein. Und können uns mit der Weisheit und Spekulation begnügen. Wir sind gleichsam in einer Hölle, wo wir nur träumen können, und vom Himmel, durch eine Decke gleichsam, abgeschlossen. Wenn ich aber WIRKLICH erlöst werden soll, - so brauche ich *Gewißheit* - nicht Weisheit, Träume, Spekulation - und diese Gewißheit ist der Glaube. Und der Glaube ist Glaube an das, was mein

信徒和這些敘事的關係，**既不是**和歷史真相（可能性）的關係，**也不是**和關於「理性真理」的教義的關係。的確有這種關係。——（對於我們所謂的各種文學，我們甚至有種種不同的態度！）

◆

　　我讀到：「若不是被聖靈感動的，也沒有能說耶穌是主的。」[33]的確：我沒辦法說他是**主**；因為那句話並沒有對我說什麼。我可以說他是「聖範」，甚至說他是「神」——或者其實是：若有人如此稱呼他，我可以理解；可是我沒有辦法有意義地說出「主」這個詞。**因為我不相信**他會來導正我；因為**那句話**並沒有對我說什麼。我唯有過著**完全**不同的生活，那句話才有可能對我說些什麼。

　　什麼會讓我傾向於相信基督的復活？我就像是在和思考玩遊戲。——如果他沒有復活，那麼他和每個人一樣，都會成為冢中枯骨。**他死了而且屍體腐爛了。**那麼他和別人一樣，只是一個導師，而且再也無法**幫助**人了；我們又成了煢煢孑立的孤兒。我們也只能滿足於那些人生智慧和臆想。我們就像在一個地獄裡，整天只能作夢，而宛如頭頂有天花板似的和天堂隔絕。可是如果我**真的**得救——那麼我需要的是**確定性**，而不是人生智慧、夢境、臆想，而這個確定性就是信仰。而且這個信仰就是信仰我的**心靈**、我的**靈魂**需要的東西，而不是我專事臆想的知性所需要的。因為要被拯救的是我的靈魂以及它就像血肉一樣的激情，而不是我的抽象精神。我

33　譯注：《哥林多前書》12:3。

Herz, meine *Seele* braucht, nicht mein spekulierender Verstand. Denn meine Seele, mit ihren Leidenschaften, gleichsam mit ihrem Fleisch und Blut, muß erlöst werden, nicht mein abstrakter Geist. Man kann vielleicht sagen: Nur die *Liebe* kann die Auferstehung glauben. Oder: Es ist die *Liebe*, was die Auferstehung glaubt. Man könnte sagen: Die erlösende Liebe glaubt auch an die Auferstehung; hält auch an der Auferstehung fest. Was den Zweifel bekämpft, ist gleichsam die *Erlösung*. Das Festhalten an *ihr* muß das Festhalten an diesem Glauben sein. Das heißt also: sei erst erlöst und halte an Deiner Erlösung (halte Deine Erlösung) fest - dann wirst Du sehen, daß Du an diesem Glauben festhältst. Das kann also nur geschehen, wenn Du dich nicht mehr auf die Erde stützst, sondern am Himmel hängst. Dann ist *alles* anders und es ist 'kein Wunder', wenn Du dann kannst, was Du jetzt nicht kannst. (Anzusehen ist freilich der Hängende wie der Stehende, aber das Kräftespiel in ihm ist ja ein ganz anderes und er kann daher ganz anderes tun, als der Stehende.)

◆

Es ist unmöglich wahrer über sich selbst zu schreiben, als man *ist*. Das ist der Unterschied zwischen dem Schreiben über sich und über äußere Gegenstände. Über sich schreibt man, so hoch man ist. Da steht man nicht auf Stelzen oder auf einer Leiter, sondern auf den bloßen Füßen.

們或許可以說：唯有**愛**才有辦法相信復活。或者說相信復活的是**愛**。我們或許可以說：用以拯救世人的愛也相信復活；它也堅持復活的說法。戰勝懷疑就像是**救贖**一樣。堅持**復活**就是堅持這個信仰。所以說：你必須被救，然後才會堅持你的拯救（抓住你的拯救不放）──你就會看見你正在堅持這個信仰。你必須不再以地球為支點，而是翱翔天際，才有辦法做到這點。如此一來，**一切**都會不一樣，而如果說你可以做你現在做不到的事，那也不是什麼「神蹟」。（翱翔的人和站立的人看起來雖然沒什麼兩樣，可是他們身上的力的作用卻大相逕庭，而且他可以做的事也不同於站立的人。）

♦

不管你再怎麼寫你自己，都不如真正的你**那麼真實**。這是寫你自己以及書寫外在對象之間的差別。你只能以自己的高度寫你自己。因為你不會踩高蹺或是站在梯子上，而只會打赤腳站在地上。

1938

◆

Freuds Idee: Das Schloß ist im Wahnsinn nicht zerstört, nur verändert; der alte Schlüssel kann es nicht mehr aufsperren, aber ein anders gebildeter Schlüssel könnte es.

◆

Von einer Brucknerschen Symphonie kann man sagen, sie habe *zwei* Anfänge: den Anfang des ersten und den Anfang des zweiten Gedankens. Diese beiden Gedanken verhalten sich nicht wie Blutsverwandte zu einander, sondern wie Mann und Weib.

◆

Die Brucknersche Neunte ist gleichsam ein *Protest* gegen die Beethovensche und dadurch wird sie erträglich, was sie als eine Art Nachahmung nicht wäre. Sie verhält sich zur Beethovenschen sehr ähnlich, wie der Lenausche Faust zum Goetheschen, nämlich der katholische Faust zum aufgeklärten, etc. etc.

◆

Nichts ist so schwer, als sich nicht betrügen.

◆

Longfellow: In the elder days of art,∕Builders wrought with greatest care∕Each minute and unseen part,∕For the gods are everywhere.

(Könnte mir als ein Motto dienen.)

一九三八年

◆

佛洛伊德的觀念：在瘋狂當中，鎖並沒有被破壞掉，只是被換掉而已；舊有的鑰匙再也鎖不上了，可是重新打的另一把鑰匙可以。

◆

關於布魯克納的交響曲，我們只能說：它有**兩個**起點：第一個想法的起點，以及第二個想法的起點。這兩個想法並沒有血緣關係，而是一種夫妻關係。

◆

布魯克納的第九號交響曲宛如對於貝多芬交響曲的**抗議**，正因為如此，我們沒有因為它是一種模仿而討厭它。它和貝多芬的交響曲極為神似，正如勒瑙的浮士德之於歌德的浮士德，或者說是天主教的浮士德之於啟蒙運動的浮士德之類的。

◆

世上沒有比不自欺更困難的事了。

◆

朗費羅：在舊時的藝術裡，／建造者悉心打造／每個細部和看不見的地方／因為諸神無所不在。[34]

（可以當作我的座右銘了。）

---

34 譯注：Henry Wadsworth Longfellow, *The Builders,* in: *The Seaside and the Fireside,* 1850。原詩作：「For the Gods see everywhere.」（因為諸神看到每個地方。）

◆

Erscheinungen mit sprachähnlichem Charakter in der Musik oder Architektur. Die sinnvolle Unregelmäßigkeit - in der Gotik z.B. (mir schweben auch die Türme der Basiliuskathedrale vor). Die Musik Bachs ist sprachähnlicher als die Mozarts und Haydns. Die Rezitative der Bässe im vierten Satz der neunten Symphonie von Beethoven. (Vergleiche auch Schopenhauers Bemerkung über die *allgemeine* Musik zu einem *besonderen* Text.)

◆

Im Rennen der Philosophie gewinnt, wer am langsamsten laufen kann. Oder: der, der das Ziel zuletzt erreicht.

1939

◆

Sich psychoanalysieren lassen ist irgendwie ähnlich vom Baum der Erkenntnis essen. Die Erkenntnis, die man dabei erhält, stellt uns (neue) ethische Probleme; trägt aber nichts zu ihrer Lösung bei.

◆

　　音樂和建築裡類似語言的現象。有意義的不規則性——例如哥特式建築。（我也想起聖彼得大教堂的圓頂。）相較於莫扎特和海頓，巴哈的音樂更類似於語言。貝多芬第九號交響曲第四樂章低音部的宣敘調。（可以和叔本華關於為**個殊性**的文字譜上**普遍性**的音樂的評論作比較。）[35]

◆

　　在哲學的賽跑裡是由跑得最慢的人獲勝。或者說：最後一個跑到終點的人。

一九三九年

◆

　　對自己作心理分析有點類似於吃下知識之樹的果實。我們獲得的知識只會對我們提出種種（新的）道德難題；卻無助於難題的解決。

---

35 譯注：見叔本華《作為意志和表象的世界》，頁350-352，石沖白譯，新雨出版，2016。

1939-1940

♦

Was fehlt der Mendelssohnschen Musik? Eine 'mutige' Melodie?

♦

Das alte Testament gesehen als der Körper ohne Kopf; das neue Testament: der Kopf; die Briefe der Apostel: die Krone auf dem Haupt.

Wenn ich an die Judenbibel denke, das alte Testament allein, möchte ich sagen: diesem Körper fehlt (noch) der Kopf. Diesen Problemen fehlt die Lösung. Diesen Hoffnungen die Erfüllung. Aber ich denke mir nicht notwendigerweise einen Kopf mit einer *Krone*.

♦

Der Neid ist etwas Oberflächliches -- d.h.: die typische Farbe des Neides reicht nicht tief - weiter unten hat die Leidenschaft eine andere Färbung. (*Das* macht den Neid, natürlich, nicht weniger real.)

♦

Das Maß des Genies ist der Charakter, - wenn auch der Charakter an sich *nicht* das Genie ausmacht. Genie ist nicht 'Talent *und* Charakter', sondern Charakter, der sich in der Form eines speziellen Talents kundgibt. Wie ein Mensch aus Mut einem ins Wasser nachspringt, so schreibt ein anderer aus Mut eine Symphonie. (Dies ist ein schwaches Beispiel.)

♦

Das Genie hat nicht mehr Licht als ein andrer, rechtschaffener

一九三九年至一九四○年

◆

孟德爾頌的音樂少了什麼？一個「大膽的」曲調嗎？

◆

舊約被視為沒有頭部的身體；新約：頭部；使徒書信：頭上的冠冕。

當我想到猶太人的聖經，也就是只有舊約，我想說的是：身體（依舊）欠缺這個頭部。這些問題並沒有解決。盼望欠缺實現。然而我不一定要想像一個戴著**冠冕**的頭部。

◆

嫉羨是個表層的東西——也就是說：嫉羨的典型顏色並沒有染到深處——在底下，激情有另一種顏色。（**這**當然沒有減損嫉羨的真實性。）

◆

性格是天才的評量標準。——儘管性格並**不**等於天才。天才不是「才華**和**性格」，而是以特定的才華形式顯現的性格。就像有人鼓起勇氣跳到水裡，有人則是鼓起勇氣寫了一首交響曲。（這是個很差勁的例子。）

◆

天才擁有的光並沒有比其他有本事的人多到哪裡去——他只

Mensch - aber es sammelt dies Licht durch eine bestimmte Art von Linse in einen Brennpunkt.

♦

Warum wird die Seele von eiteln Gedanken bewegt, - wenn sie doch eitel sind? Nun, sie *wird* von ihnen bewegt.

(Wie kann der Wind den Baum bewegen, wo er doch nur Luft ist? Nun, er *bewegt* ihn; und vergiß es nicht.)

♦

Man *kann* nicht die Wahrheit sagen; wenn man sich noch nicht selbst bezwungen hat. Man *kann* sie nicht sagen; - aber nicht, weil man noch nicht gescheit genug ist.

Nur der kann sie sagen, der schon in ihr *ruht*; nicht der, der noch in der Unwahrheit ruht, und nur einmal aus der Unwahrheit heraus nach ihr langt.

♦

Auf seinen Lorbeeren auszuruhen ist so gefährlich, wie auf einer Schneewanderung ausruhen. Du nickst ein, und stirbst im Schlaf.

♦

Die ungeheure Eitelkeit der Wünsche zeigt sich dadurch, daß ich z.B. den Wunsch habe, ein schönes Schreibebuch sobald wie möglich voll-zuschreiben. Ich habe *nichts* davon; ich wünsche es nicht etwa, weil es nur meine Produktivität anzeigt; es ist bloß das *Verlangen*, etwas schon Gewohntes recht bald los zu werden; obwohl ich ja, sobald ich es los geworden bin, ein neues anfangen werde und sich dasselbe wiederholen muß.

是用一種特殊的透鏡把這個光聚集在一個焦點上。

◆

靈魂為什麼要被空洞的念頭牽著鼻子走——它們不是很空洞嗎？好吧，它**就是**被它們牽著鼻子走。

（如果風只是空氣而已，它怎麼能**撼動**大樹呢？好吧，它真的**撼動**樹木了；別忘了。）

◆

如果人還沒有征服自己，他**就**無法說真實語。人們無法說真實語；——然而那不是因為他不夠聰明。

只有已經**棲止**在真理裡的人，才能夠說真實語；而不是那些依舊停駐在虛妄不實當中、偶而才從虛妄當中探頭張望真理的人。

◆

滿足於現有的成就是危險的事，就像走在雪地上一樣。你一打個盹，就會在睡眠中死去。[36]

◆

願望的可怕空洞就在於，例如說我有個願望，想要馬上就把一本美麗的筆記本填滿文字。可是我**沒有什麼**要寫的；我之所以有這個願望，並不是因為那可以證明我的生產力；而只是**渴望**盡快脫離某些習以為常的東西；儘管只要我一擺脫它，我就會另起爐灶，而不得不一再重複整件事。

---

36 譯注：「Auf seinen Lorbeeren auszuruhen」（安於現狀）直譯是「在他的月桂樹上休息」，所以才會有下一句的說法。

♦

Schopenhauer, könnte man sagen, ist ein ganz *roher* Geist. D.h.: Er hat Verfeinerung, aber in einer gewissen Tiefe hört diese plötzlich auf, und er ist so roh, wie der Roheste. Dort, wo eigentliche Tiefe anfängt, hört die seine auf.

Man könnte von Schopenhauer sagen: er geht nie in sich.

♦

Ich sitze auf dem Leben, wie der schlechte Reiter auf dem Roß. Ich verdanke es nur der Gutmütigkeit des Pferdes, daß ich jetzt gerade nicht abgeworfen werde.

♦

Wenn die Kunst dazu dient, 'Gefühle zu erzeugen', ist, am Ende, ihre sinnliche Wahrnehmung auch unter diesen Gefühlen?

♦

Meine Originalität (wenn das das richtige Wort ist) ist, glaube ich, eine Originalität des Bodens, nicht des Samens. (Ich habe vielleicht keinen eigenen Samen.) Wirf einen Samen in meinen Boden, und er wird anders wachsen, als in irgend einem andern Boden.

Auch die Originalität Freuds war, glaube ich, von dieser Art. Ich habe immer geglaubt - ohne daß ich weiß, warum - daß der eigentliche Same der Psychoanalyse von Breuer, nicht von Freud, herrührt. Das Samenkorn Breuers kann natürlich nur ganz winzig gewesen sein. *Mut*

◆

　　或許有人會說，叔本華是個相當**殘忍**的人。也就是說，儘管他相當優雅，但是這個優雅在某個深處卻戛然而止，然後他就像窮凶極惡的人一樣的殘忍。而當真正的深處擾動起來，他的殘忍就會停止。

　　關於叔本華，我們或許可以說：他從來沒有自我反省過。

◆

　　我騎坐在生命之上，就像一個差勁的騎士騎著駿馬。幸虧馬兒很溫馴，現在我才沒有摔下來。

◆

　　如果藝術的目的是要「產生種種感覺」，那麼到頭來，他們的感官知覺是否也變成了這類的感覺？

◆

　　我相信，我的原創性（如果說這個語詞是對的）是一種屬於土壤的原創性，而不是屬於種子的。（我或許沒有自己的種子。）

　　我想佛洛伊德的原創性也屬於這種。我一直相信——我不知道為什麼——心理分析真正的種子是源自布洛伊爾，而不是佛洛伊德的。當然布洛伊爾的種子應該很小顆。**勇氣**則永遠是原創的。

ist immer originell.

◆

Die Menschen heute glauben, die Wissenschaftler seien da, sie zu belehren, die Dichter und Musiker etc., sie zu erfreuen. *Daß diese sie etwas zu lehren haben;* kommt ihnen nicht in den Sinn.

◆

Das Klavierspielen, ein Tanz der menschlichen Finger.

◆

Shakespeare, könnte man sagen, zeigt den Tanz der menschlichen Leidenschaften. Er muß daher objektiv sein, sonst würde er ja nicht den Tanz der menschlichen Leidenschaften zeigen - sondern etwa über ihn reden. Aber er zeigt sie uns im Tanz, nicht naturalistisch. (Diese Idee habe ich von Paul Engelmann.)

◆

Auch im höchsten Kunstwerk ist noch etwas, was man 'Stil', ja auch, was man 'Manier' nennen kann. *Sie* haben weniger Stil, als das erste Sprechen eines Kindes.

1940

◆

Das Verführerische der kausalen Betrachtungsweise ist, daß sie

◆

現在的人們相信，科學家的存在是為了要教導他們；而詩人和音樂家則是要取悅他們。這些人從來沒有想到他們**也可以教導他們什麼**。

◆

彈奏鋼琴，人類手指的一種舞蹈。

◆

有人會說，莎士比亞是在展現人類激情的舞蹈。因此他必須是客觀的，否則就無法展現人類激情的舞蹈——而是在評論它們。然而他是在舞蹈當中對我們展現它們，而不是自然主義式的。（這個想法我是得自保羅・英格曼。）

◆

就算是登峰造極的藝術作品也會變成人們所謂的「風格」，甚至是所謂的「矯飾主義」。**他們**的風格還不如一個孩子的牙牙學語。

一九四〇年

◆

因果法則的思考方式的誘人之處在於它會讓我們因而主張說：

einen dazu führt, zu sagen: "Natürlich, - so mußte es geschehen."
Während man denken sollte: *so* und auf viele andere Weise, kann es
geschehen sein.

◆

Wenn wir die ethnologische Betrachtungsweise verwenden, heißt
das, daß wir die Philosophie für Ethnologie erklären? Nein, es heißt nur,
daß wir unsern Standpunkt weit draußen einnehmen, um die Dinge
objektiver sehen zu können.

◆

Dasjenige, wogegen ich mich wehre, ist der Begriff einer idealen
Exaktheit, der uns sozusagen a priori gegeben wäre. Zu verschiedenen
Zeiten sind unsere Ideale der Exaktheit verschieden; und keines ist das
höchste.

◆

Eine meiner wichtigsten Methoden ist es, mir den historischen Gang
der Entwicklung unsrer Gedanken anders vorzustellen, als er in Wirklichkeit war. Tut man das, so zeigt uns das Problem eine ganz neue Seite.

◆

Es ist oft nur sehr wenig unangenehmer die Wahrheit zu sagen, als
eine Lüge; etwa nur so schwer wie bittern Kaffee zu trinken als süßen;
und doch neige ich auch dann stark dazu, die Lüge zu sagen.

「當然——事情一定會這樣發生。」然而我們要想到：它有可能那樣發生，而它**也有**許多其他的發生方式。

◆

如果我們應用民族學的思考方式，那意味著我們把哲學解釋成民族學了嗎？不是的，那只是意味著我們採取了**外部的**觀點，才能更客觀地觀察事物。

◆

我所反對的是那種主張我們先天就擁有關於一種理想精確性的概念。在不同的時代，我們的精確性理想也有所不同；它們並沒有高下之分。

◆

我所使用的最重要的方法之一，是想像我們的思想不同於現實情況的歷史演變歷程。這麼做的時候，問題就會對我們展現全新的面向。

◆

相較於說謊，說真實語的尷尬程度並沒有大到哪裡去；就像苦的咖啡並沒有比甜的咖啡難喝到哪裡去：然而我還是有強烈的說謊傾向。

◆

In aller großen Kunst ist ein WILDES Tier: *gezähmt*. Bei Mendels-
sohn, z.B., nicht. Alle große Kunst hat als ihren Grundbaß die primitiven
Triebe des Menschen. Sie sind nicht die *Melodie* (wie, vielleicht, bei
Wagner), aber das, was der Melodie ihre *Tiefe* und Gewalt giebt.

In *diesem* Sinne kann man Mendelssohn einen *'reproduktiven'*
Künstler nennen. –

Im gleichen Sinn: mein Haus für Gretl ist das Produkt entschiedener
Feinhörigkeit, *guter* Manieren, der Ausdruck eines großen *Verständnisses* (für
eine Kultur, etc.). Aber das *ursprüngliche* Leben, das *wilde* Leben, welches
sich austoben möchte - fehlt. Man könnte also auch sagen, es fehlt ihm die
Gesundheit (Kierkegaard). (Treibhauspflanze.)

◆

Ein Lehrer, der während des Unterrichts gute, oder sogar erstaun-
liche Resultate aufweisen kann, ist darum noch kein guter Lehrer, denn
es ist möglich, daß er seine Schüler, während sie unter seinem
unmittelbaren Einfluß stehen, zu einer ihnen unnatürlichen Höhe
emporzieht, ohne sie doch zu dieser Höhe zu entwickeln, so daß sie
sofort zusammensinken, wenn der Lehrer die Schulstube verläßt. Dies
gilt vielleicht von mir; ich habe daran gedacht. (Mahlers Lehranfü-
hrungen waren ausgezeichnet, wenn er sie leitete; das Orchester schien
sofort zusammenzusinken, wenn er es nicht selbst leitete.)

◆

在所有藝術裡都有一隻**野獸**：牠被**馴服**了。孟德爾頌就沒有。所有偉大的藝術都會以人類的原始驅力為其基礎低音[37]。它們不是**曲調**（或許在華格納那裡是一種曲調），可是它們賦予了曲調**深度**和力量。

在**這個**意義下，我們可以把孟德爾頌稱為一個「**複製的**」藝術家。——

在相同的意義下：我為格蕾特[38]建造的房子是特別敏銳的聽力以及**優雅**風格的產物，展現了（對於文化之類）的精湛**鑑賞力**。但是欠缺了渴望宣洩的**原始**生命，**狂野**的生命。我們或許也可以說，它並不**健康**（誠如齊克果所說的）。（溫室裡的植物。）

◆

在講課時春風時雨、甚或成效驚人的老師，也正因為如此，他還算不上是好老師，因為有可能是學生在他的教導之下突飛猛進，對他們而言，進步的成績有悖常理，如果沒有老師的提攜，他們根本不會有這麼好的成績，以至於一旦老師離開了課堂，他們就退步了。（馬勒在擔任指揮時，他的教導極為出色，可是一旦沒有親自指揮，交響樂團似乎馬上就退步了。）

---

37 譯注：基礎低音又叫作固定低音。「一個短的曲調分句，在低音部一再地重複……基礎低音是巴洛克音樂中很有風格的形式，特別是在英國孕育而成的。」（《大陸音樂辭典》，頁482，康謳主編，大陸書局，1980。）

38 譯注：維根斯坦的姐姐瑪格麗特的小名。

'Zweck der Musik: Gefühle zu vermitteln.'

Damit verbunden: Wir mögen mit Recht sagen "er hat jetzt das gleiche Gesicht wie früher" - obwohl die Messung in beiden Fällen Verschiedenes ergab.

Wie werden die Worte "der gleiche Gesichtsausdruck" gebraucht? - Wie weiß man, daß Einer diese Worte richtig gebraucht? Aber weiß ich, daß *ich* sie richtig gebrauche?

♦

Man könnte sagen: "Genie ist *Mut im Talent.*"

♦

Trachte geliebt und nicht - bewundert zu werden.

♦

Not funk but funk conquered is what is worthy of admiration and makes life worth having been lived. Der Mut, nicht die Geschicklichkeit; nicht einmal die Inspiration, ist das Senfkorn, was zum großen Baum emporwächst. Soviel Mut, soviel Zusammenhang mit Leben und Tod. (Ich dachte an Labors und Mendelssohns Orgelmusik.) Aber dadurch, daß man den Mangel an Mut in einem Andern einsieht, erhält man selbst nicht Mut.

♦

Man muß manchmal einen Ausdruck aus der Sprache herausziehen, ihn zum Reinigen geben, - und kann ihn dann wieder in den Verkehr einführen.

「音樂的目的：傳達情感。」

與此相關的是：我們也可以合理地說：「他的臉部和以前一模一樣。」——儘管兩者測量的結果證明其實是有所不同。

我們在什麼情況下會說「相同的臉部表情」這類的話？——我們怎麼知道某個人是正確地使用這個語詞？而我知道我自己有正確地使用它嗎？

◆

我們或許可以說：「天才是**擁有展現才華的勇氣**。」[39]

◆

你要追求的是被愛——而不是被仰慕。

◆

真正值得讚賞而且使人生有活下去的價值的，不是怯懦，而是克服怯懦。真正會長成大樹的芥子是勇氣而不是靈巧；更不是靈感。人越是勇敢，和生命以及死亡的關係就越加緊密。（我想起了拉伯以及孟德爾頌的管風琴樂曲。）可是人不會因為看到別人欠缺勇氣而使自己獲得勇氣。

◆

有時候我們必須把一個詞語從語言裡抽離出來洗滌一下——才可以把它放回去流通。

---

39 譯注：直譯是「才華裡的勇氣」。

♦

Wie schwer fällt mir zu sehen, was *vor meinen Augen liegt*!

♦

Du kannst nicht die Lüge nicht aufgeben wollen, und die Wahrheit sagen.

♦

Den richtigen Stil schreiben heißt, den Wagen genau aufs Geleise setzen.

♦

Wenn dieser Stein sich jetzt nicht bewegen will, wenn er eingekeilt ist, beweg' erst andre Steine, um ihn herum. -

Wir wollen Dich nur richtig auf die Bahn setzen, wenn Dein Wagen schief auf den Schienen steht. Fahren lassen wir Dich dann allein.

♦

Mörtel abkratzen ist viel leichter, als einen Stein zu bewegen. Nun, man muß das Erste tun, bis man einmal das Andre tun kann.

1941

♦

Mein Stil gleicht schlechtem musikalischen Satz.

◆

要看清楚眼前的事物，對我而言真是一件難事啊！

◆

你沒辦法既不想要放棄謊言卻又要說真實語。

◆

以正確的風格寫作的意思是準確地把列車安置在軌道上。

◆

如果現在這顆石頭不想動，如果它動彈不得，那麼就先搬動它周圍的其他石頭。──

我們只是想要讓你步上正軌，如果你的列車偏離了軌道。然後我們就會讓你自己駕駛。

◆

刮掉水泥比搬動一顆石頭容易得多。你必須先做第一件事，再做另一件事。

一九四一年

◆

我的風格就像一個拙劣的樂句一樣。

♦

Entschuldige nichts, verwische nichts, sieh und sag, wie es wirklich ist - aber Du mußt das sehen, was ein neues Licht auf die Tatsachen wirft.

♦

Unsere größten Dummheiten können sehr weise sein.

♦

Es ist unglaublich, wie eine neue Lade, an geeignetem Ort in unserem filing-cabinet, hilft.

♦

Du mußt Neues sagen und doch lauter Altes.

Du mußt allerdings nur Altes sagen - aber *doch* etwas Neues!

Die verschiedenen 'Auffassungen' müssen verschiedenen Anwendungen entsprechen.

Auch der Dichter muß sich immer fragen: 'ist denn, was ich schreibe, wirklich wahr?' - was nicht heißen muß: 'geschieht es so in Wirklichkeit?'

Du mußt freilich Altes herbeitragen. Aber zu einem *Bau*. -

♦

Im Alter *entschlüpfen* uns wieder die Probleme, so wie in der Jugend. Wir können sie nicht nur nicht aufknacken, wir können sie auch nicht halten.

♦

Welche seltsame Stellungnahme der Wissenschaftler -: "Das wissen wir noch nicht; aber es läßt sich wissen, und es ist nur eine Frage der

◆

不要為任何事道歉，不要抹滅任何事，看清楚並且如實訴說它——可是你也必須看到關於事實的另一個觀點。

◆

凡事太聰明，有可能是我們最愚蠢的事。

◆

在我們的檔案櫃適當的地方多一個抽屜，它的幫助會讓人難以置信。

◆

你必須說一些新的東西，然而它只是舊瓶新裝而已。
你終究只能說一些舊有的東西——然而它**必須**是個新的說法！
不同的「詮釋」必須有不同的應用方式互相呼應。

就算是詩人也必須不斷地問自己：「我所寫的東西的確是真實的嗎？」——那不一定是意味著：「那是實際發生的事嗎？」
你當然必須引用舊有的東西。不過是用在一棟**建築**上。——

◆

人到老時，問題再度從我們手裡**溜走**，就像我們年輕的時候。我們不僅沒辦法撬開它，也沒辦法攔住它。

◆

科學家的態度真是莫名其妙——：「我們還不知道這點；然而那是可知的，只是時間的問題，有一天我們會知道的！」彷彿那是

Zeit, so wird man es wissen"! Als ob es sich von selbst verstünde. -

♦

Ich könnte mir denken, daß Einer meinte, die Namen "Fortnum"
und "Mason" paßten zusammen.

♦

Fordere nicht zuviel, und fürchte nicht, daß Deine gerechte
Forderung ins Nichts zerrinnen wird.

♦

Die Menschen, die immerfort 'warum' fragen, sind wie die
Touristen, die, im Baedeker lesend, vor einem Gebäude stehen und
durch das Lesen der Entstehungsgeschichte etc. etc. daran gehindert
werden, das Gebäude zu sehen.

♦

Der Kontrapunkt könnte für einen Komponisten ein außerordentlich
schwieriges Problem darstellen; das Problem nämlich: in welches
Verhältnis soll *ich* mit *meinen* Neigungen mich zum Kontrapunkt stellen?
Er mochte ein konventionelles Verhältnis gefunden haben, aber wohl
fühlen, daß es nicht das *seine* sei. Daß die Bedeutung nicht klar sei,
welche der Kontrapunkt für ihn haben *solle*. (Ich dachte dabei an
Schubert; daran, daß er am Ende seines Lebens noch Unterricht im
Kontrapunkt zu nehmen wünschte. Ich meine, sein Ziel sei vielleicht

理所當然的事。——

♦

我可以想像有人會認為「福南」和「梅森」這兩個名字很相配。[40]

♦

不要要求太多，也不要擔心你的正當要求會化為烏有。

♦

老是問「為什麼」的人就像遊客一樣，在一棟大前面讀著旅遊指南[41]，忙著讀它的建造歷史等等，卻忘了抬頭看一看大樓。

♦

對於一個作曲家而言，對位法或許是相當困難的問題；也就是說：**我**，以及**我的**習性，應該對於對位法採取什麼樣的態度？他或許會採取一種墨守成規的態度，卻會覺得那並不是屬於**他的**。我們不清楚對位法對於他的意義**應該**是什麼？（此外我也想起了舒伯特；想起他在行將就木的時候還想上對位法的課。我想他的目的與其說是要學習對位法，不如說是找到他和對位法的關係。）

---

40 譯注：「福南梅森」（Fortnum & Mason (F&M)）於一七〇七年創立倫敦店，販賣茶葉和食品雜貨。創立人是女王的內廷僕人威廉・福南（William Fortnum）以及房東休・梅森（Hugh Mason）。

41 譯注：「Beideker」原指德國出版旅遊指南的出版社「Baedeker-Reiseführer」及其出版品，現在泛指旅遊指南。

nicht gewesen, einfach mehr Kontrapunkt zu lernen, als vielmehr sein Verhältnis zum Kontrapunkt zu finden.)

♦

Wagners Motive könnte man musikalische Prosasätze nennen. Und so, wie es 'gereimte Prosa' gibt, kann man diese Motive allerdings zur melodischen Form zusammenfügen, aber sie ergeben nicht *eine* Melodie.

Und so ist auch das Wagnersche Drama kein Drama, sondern eine Aneinanderreihung von Situationen, die wie auf einem Faden aufgefädelt sind, der selbst nur *klug* gesponnen, aber nicht, wie die Motive und Situationen, inspiriert ist.

♦

Laß Dich nicht von dem Beispiel Anderer führen, sondern von der Natur!

♦

Die Sprache der Philosophen ist schon eine gleichsam durch zu enge Schuhe deformierte.

♦

Die Personen eines Dramas erregen unsere Teilnahme, sie sind uns wie Bekannte, oft wie Menschen, die wir lieben oder hassen: Die Personen im zweiten Teil des 'Fausts' erregen unsere Teilnahme gar nicht! Wir haben nie die Empfindung, als kennten wir sie. Sie ziehen an uns vorüber, wie Gedanken, nicht wie Menschen.

◆

　華格納的動機可以說是音樂的散文句子。而正如有所謂的「押韻的散文」，我們當然也可以把這些動機和曲調形式結合起來，可是它們不會得出**一個**曲調。

　同樣的，華格納的戲劇也不是戲劇，而是種種情境的排列，就像用一條線串起來，儘管它編織得很**巧妙**，但不是像動機或情境那樣憑著靈感創作出來的。

◆

　不要以別人的例子作為你的指引，而要師法自然！

◆

　哲學家的語言就像是因為鞋子太小而變形了的語言。

◆

　一齣戲劇裡的人物會喚起我們的共鳴，他們就像我們認識的人一樣，經常是我們或愛或恨的人。而《浮士德》第二部裡的人物則完全無法喚起我們的共鳴！我們完全不會覺得認識他們。他們和我們擦身而過，就像念頭一樣，而不像是人。

1942

♦

Der Mathematiker (Pascal), der die Schönheit eines Theorems der Zahlentheorie bewundert; er bewundert gleichsam eine Naturschönheit. Es ist wunderbar, sagt er, welch herrliche Eigenschaften die Zahlen haben. Es ist, als ewunderte er die Regelmäßigkeiten einer Art von *Krystall*.

♦

Man könnte sagen: welch herrliche Gesetze hat der Schöpfer in die Zahlen gelegt!

♦

Wolken kann man nicht *bauen*. Und darum wird die *erträumte* Zukunft nie wahr.

♦

Ehe man ein Flugzeug hatte, hat man Flugzeuge erträumt und wie die Welt mit ihnen aussehen würde. Aber, wie die Wirklichkeit nichts weniger als diesem Traume glich, so hat man überhaupt keinen Grund zu glauben, die Wirklichkeit werde sich zu dem entwickeln, was man träumt. Denn unsre Träume sind voll Tand, gleichsam Papiermützen und Kostüme.

♦

Die populär-wissenschaftlichen Schriften unsrer Wissenschaftler sind nicht der Ausdruck der harten Arbeit, sondern der Ruhe auf ihren Lorbeeren.

一九四二年

◆

　　數學家（帕斯卡），他驚豔於數論定理的美麗；他也會讚嘆自然的美麗。他說數的美妙性質真是太神奇了。他彷彿是在讚嘆一種水晶的規則性。

◆

　　我們或許可以說：造物主在數裡置入的法則真是美不勝收！

◆

　　我們沒辦法**建造**雲層。這就是為什麼**夢想**中的未來永遠無法成真。

◆

　　人們在有飛機之前就夢想過飛機以及擁有飛機的世界的模樣。然而正如現實和這個夢想一點也不像，我們也沒有理由相信現實世界會演變成人們夢想的模樣。因為我們的夢想裡充斥著不值錢的東西，就像摺紙帽子和流行服飾之類的。

◆

　　我們的科學家的科普作品並不是在表述艱深的研究工作，而只是滿足於他們現有的成就。

♦

Wenn Du die Liebe eines Menschen *hast*, so kannst Du sie mit keinem Opfer überzahlen; aber jedes Opfer ist zu groß, um Dir sie zu *erkaufen.*

♦

Förmlich wie es einen *tiefen* und einen seichten Schlaf gibt, so gibt es Gedanken, die tief im Innern vor sich gehen, und Gedanken, die sich an der Oberfläche herumtummeln.

♦

Du kannst den Keim nicht aus dem Boden ziehen. Du kannst ihm nur Wärme und Feuchtigkeit und Licht geben und dann muß er wachsen. (Nur mit Vorsicht darfst Du ihn selbst *berühren*.)

♦

Was hübsch ist, kann nicht schön sein. -

♦

Ein Mensch ist in einem Zimmer *gefangen*, wenn die Tür unversperrt ist, sich nach innen öffnet; er aber nicht auf die Idee kommt zu *ziehen*, statt gegen sie zu drücken.

♦

Bring den Menschen in die unrichtige Atmosphäre und nichts wird funktionieren, wie es soll. Er wird an allen Teilen ungesund erscheinen. Bring ihn wieder in das richtige Element, und alles wird sich entfalten

如果你**擁有**一個人的愛，那麼再多的犧牲都不算是溢付；但是如果你要**買**一個人的愛，那麼任何犧牲都太多了。

◆

　　差不多就像是**深層**睡眠和淺層睡眠的區別一樣，思考也有深入自身內心以及在表層營營擾擾的區別。

◆

　　你不能把幼苗從土壤裡拔出來。你只能給它溫暖、水分和陽光，它就一定會自己長出來。（你只能小心碰觸它。）

◆

　　漂亮的東西不會是美的。——

◆

　　一個人被**關**在房裡，房門並沒有上鎖，而且是朝裡開的；可是他完全沒有想到要把門**拉開**，而是拚命推它。

◆

　　把人擺在不正確的環境裡，一切都無法正確運作。他身體的每個部分都會出毛病。把他放回正確的環境裡，一切都會舒展開來，看起來也很健康。但是如果現在他處於不正確的環境呢？那麼他就

und gesund erscheinen. Wenn er nun aber im unrechten Element ist? Dann muß er sich also damit abfinden, als Krüppel zu erscheinen.

♦

Wenn Weiß zu Schwarz wird, sagen manche Menschen "Es ist im Wesentlichen noch immer dasselbe". Und andere, wenn die Farbe um einen Grad dunkler wird, sagen "Es hat sich *ganz* verändert".

♦

Architektur ist eine *Geste*. Nicht jede zweckmäßige Bewegung des menschlichen Körpers ist eine Geste. Sowenig, wie jedes zweckmäßige Gebäude Architektur.

♦

Wir kämpfen jetzt gegen eine Richtung. Aber diese Richtung wird sterben, durch andere Richtungen verdrängt, dann wird man unsere Argumentation gegen sie nicht mehr verstehen; nicht begreifen, warum man all das hat sagen müssen.

Den Fehler in einem schiefen Raisonnement suchen und Fingerhut-Verstecken.

1943

♦

Denk' Dir, jemand hätte vor 2000 Jahren die *Form*

只好妥協，表現出一個瘸子的模樣。

◆

當白的變成黑的，有些人會說：「它基本上還是一樣的。」而如果一個顏色暗沉了一點，有些人則會說：「它**完全**變了。」

◆

建築是個**姿態**。不是每個有目的的人體動作都叫作姿態。也不是每一棟為了某個目的而建造的大樓都叫作建築。

◆

現在我們正在對抗一個潮流。然而這個潮流會消滅，被另一個潮流排擠掉，到那個時候，人們就再也無法理解我們用來對抗它的論證；他們不明白我們為什麼要那麼說。

在有偏誤的論證裡吹毛求疵，以及找頂針的遊戲。[42]

一九四三年

◆

試想一下，在兩千年前有個人想出了以下的**模型**：

---

42 譯注：或叫作「找手帕遊戲」，流行於英國的遊戲。頂針是套在手指上避免被針刺傷的套子。遊戲的規則是要把小東西藏在顯眼的地方。所以作者以此作為對比。

erfunden und gesagt, sie werde einmal die Form eines Instruments der Fortbewegung sein.

Oder vielleicht: es hätte jemand den vollständigen *Mechanismus* der Dampfmaschine konstruiert, ohne irgendwelche Ahnung, daß, und wie, er als Motor zu benützen wäre.

◆

Was Du für ein Geschenk hältst, ist ein Problem, das Du lösen sollst.

◆

Genie ist das, was uns das Talent des Meisters vergessen macht.

◆

Genie ist das, was uns das Geschick vergessen macht.

◆

Wo das Genie dünn ist, kann das Geschick durchschauen. (Meistersinger Vorspiel.)

◆

Genie ist das, was macht, daß wir das Talent des Meisters nicht sehen können.

◆

Nur wo das Genie dünn ist, kann man das Talent sehen.

並且說有一天它會成為一種交通工具的模型。

或者也許是：有個人構想出蒸汽機的完整**機械裝置**，卻完全沒有想到如何把它當作馬達來使用。

◆

被你視為禮物的東西，正是你要解決的問題。

◆

天才是讓我們忘記大師的才華的東西。

◆

天才是讓我們忘記技巧的東西。

◆

天才消磨殆盡了，才會顯現出技巧。（《紐倫堡的名歌手》序曲。）

◆

天才是使我們沒辦法看見大師的才華的東西。

◆

唯有天才消磨殆盡了，我們才看得到才能。

1944

♦

Friede in den Gedanken. Das ist das ersehnte Ziel dessen, der philosophiert.

♦

Warum soll ich nicht Ausdrücke entgegen ihren ursprünglichen Gebrauch verwenden? Tut das z.B. nicht Freud, wenn er auch einen Angsttraum einen Wunschtraum nennt? Wo ist der Unterschied? In der wissenschaftlichen Betrachtung ist der neue Gebrauch durch eine *Theorie* gerechtfertigt. Und ist diese Theorie falsch, dann ist auch der neue, ausgedehnte Gebrauch aufzugeben. In der Philosophie aber sind es nicht wahre oder falsche Meinungen über Naturvorgänge, auf die sich der ausgedehnte Gebrauch stützt. Keine Tatsache rechtfertigt ihn, keine kann ihn stützen.

♦

Man sagt uns: "Du verstehst doch diesen Ausdruck? Nun also, in der Bedeutung, die Du kennst, gebrauche auch ich ihn." [Nicht: "... in *der* Bedeutung -".] Also wäre die Bedeutung eine Aura, die das Wort mitbringt und in jederlei Verwendung herübernimmt.

♦

Der Philosoph ist der, der in sich viele Krankheiten des Verstandes heilen muß, ehe er zu den Notionen des gesunden Menschenverstandes kommen kann.

一九四四年

◆

思想中的和平狀態。這是從事哲學思考所渴望的目標。

◆

我為什麼不使用和語詞原本的用法相悖的用語呢？舉例來說，佛洛伊德不也是把焦慮的夢稱為願望的夢嗎？差別在哪裡呢？就科學的觀點而言，新的用法是由一個**理論**證成的。而如果這個理論是錯誤的，那麼這個新的、延伸性的用法也會被拋棄。可是在哲學裡，延伸性的用法並不是依據關於自然歷程的正確或錯誤的看法。沒有任何事實可以證成它，也沒有任何事實可以支持它。

◆

人們對我們說：「你懂這個說法嗎？呃，我的用法是你熟悉的那個意思。」（而不是說：「……特定的意思。」）那就像是說，意義是伴隨著語詞的光暈，它在任何用法裡都會跟著出現。

◆

哲學家是那種必須先治療自己心裡的許多知性病症、才有辦法理解常識觀念的人。

◆

Wenn wir im Leben vom Tod umgeben sind, so auch in der Gesundheit des Verstands vom Wahnsinn.

◆

Denken *wollen* ist eins; Talent zum Denken haben, ein Anderes.

◆

Wenn etwas an der Freudschen Lehre von der Traumdeutung ist; so zeigt sie, in wie *komplizierter* Weise der menschliche Geist Bilder der Tatsachen macht.

So kompliziert, so unregelmäßig ist die Art der Abbildung, daß man sie *kaum* mehr eine Abbildung nennen kann.

1944 oder später

◆

Es wird schwierig sein, meiner Darstellung zu folgen: denn sie sagt Neues, dem doch die Eierschalen des Alten ankleben.

Circa 1941-1944

◆

Ob es eine unerfüllte Sehnsucht ist, die einen Menschen wahnsinnig

◆

　　如果說我們在生活裡四周都有死亡包圍著我們，那麼在常識裡也有瘋狂包圍著我們。

◆

　　想要思考是一回事；擁有思考的天賦則是另一回事。

◆

　　如果佛洛伊德關於夢的解析的理論有什麼內容的話，那麼應該是證明了人類心靈產生事實圖像的方式有多麼**複雜**。

　　描摹的方式太複雜而不規則了，使得我們**很難**把它叫作描摹。

一九四五年或更晚

◆

　　人們應該很難跟得上我的敘述：因為它在訴說新的事物，卻又貼上了舊有事物的蛋殼。

約一九四一年到一九四四年

◆

　　使一個人發瘋的，是不是某個讓人受挫的渴望？（我想到了舒

macht? (Ich dachte an Schumann, aber auch an mich.)

Circa 1944

◆

Revolutionär wird der sein, der sich selbst revolutionieren kann.

◆

What's ragged should be left ragged.

◆

A miracle is, as it were, a *gesture* which God makes. As a man sits quietly and then makes an impressive gesture, God lets the world run on smoothly and then accompanies the words of a saint by a symbolic occurrence, a gesture of nature. It would be an instance if, when a saint has spoken, the trees around him bowed, as if in reverence. - Now, do I believe that this happens? I don't.

◆

The only way for me to believe in a miracle in this sense would be to be *impressed* by an occurrence in this particular way. So that I should say e.g.: "It was *impossible* to see these trees and not to feel that they were responding to the words." Just as I might say "It is impossible to see the face of this dog and not to see that he is alert and full of attention to what his master is doing". And I can imagine that the mere report of

曼，可是也想到了我自己。）

約一九四四年

◆

革自己的命的人才是革命性的。

◆

破爛玩意兒就讓它破爛到底吧。

◆

神蹟可以說是神做出來的一個**手勢**。就像一個人靜靜坐著，然後做了一個讓人印象深刻的手勢，神讓世界周行而不殆，又以一個象徵性的事件、一個大自然的姿勢，配合一個聖人的話語。就好比當一個聖人在說話時，四周的樹木都低下頭來，彷彿在禮敬他。——那麼我相信有這種事嗎？我不相信。

◆

如果要我相信在這個意義下的神蹟，唯一的方法就是以這種特殊的方式被某個事件**打動**了。我會因而說：「我**不可能**看到這些婆娑搖曳的樹木而不覺得它們是在回應聖人的話語。」正如我或許會說：「我不能看到這隻狗而沒有看到牠正全神貫注於牠的主人的動作。」而我也可以想像關於一個聖人言行的傳說可以讓人相信樹木在禮敬他的**說法**。可是我並不怎麼吃這一套。

the *words* and life of a saint can make someone believe the reports that the trees bowed. But I am not so impressed.

◆

When I came home I expected a surprise and there was no surprise for me, so, of course, I was surprised.

◆

Menschen sind in dem Maße religiös, als sie sich nicht so sehr *unvollkommen*, als *krank* glauben.

Jeder halbwegs anständige Mensch glaubt sich höchst unvollkommen, aber der religiöse glaubt sich *elend*.

◆

Glaube Du! Es schadet nicht.

◆

Glauben heißt, sich einer Autorität unterwerfen. Hat man sich ihr unterworfen, so kann man sie nun nicht, ohne sich gegen sie auflehnen, wieder in Frage ziehen und auf's neue glaubwürdig finden.

◆

Ein Notschrei kann nicht größer sein, als der *eines* Menschen.

Oder auch *keine* Not kann größer sein, als die, in der ein einzelner Mensch sein kann.

Ein Mensch kann daher in unendlicher Not sein und also unendliche Hilfe brauchen.

◆

　　當我回家的時候，我期待著一個意外的驚喜，可是並沒有驚喜在歡迎我，所以我覺得很意外。

　　◆

　　人們如此虔誠，以至於他們相信自己不是**不完美**，而是**有病**。

　　任何還算正直的人都會相信自己一點也不完美，可是虔誠的人卻相信自己是**卑劣可恥**的。

　　◆

　　你要相信！那對你不會有害。

　　◆

　　信仰意味著臣服於一個權威。一旦人們臣服於權威，那麼除非反叛它，否則他就沒辦法質疑它，接著才重新認為它是可信的。

　　◆

　　沒有任何呼救比**一個**人的呼救更大聲。
　　或者說**沒有**任何苦難大於一個個人所遭受的苦難。

　　所以說，一個人可能會遭受無窮的苦難，因而需要無止盡的拯救。

◆

Die christliche Religion ist nur für den, der unendliche Hilfe braucht, also nur für den, der unendliche Not fühlt.

Der ganze Erdball kann nicht in größerer Not sein als *eine* Seele.

Der christliche Glaube - so meine ich - ist die Zuflucht in dieser *höchsten* Not.

Wem es in dieser Not gegeben ist, sein Herz zu öffnen, statt es zusammenzuziehen, der nimmt das Heilmittel ins Herz auf.

Wer das Herz so öffnet im reuigen Bekenntnis zu Gott, öffnet es auch für die Anderen. Er verliert damit seine Würde als ausgezeichneter Mensch und wird daher wie ein Kind. Nämlich ohne Amt, Würde und Abstand von den Andern. Sich vor den Andern öffnen kann man nur aus einer besonderen Art von Liebe. Die gleichsam anerkennt, daß wir alle böse Kinder sind.

Man könnte auch sagen: Der Haß zwischen den Menschen kommt davon her, daß wir uns von einander absondern. Weil wir nicht wollen, daß der Andere in uns hineinschaut, weil es darin nicht schön ausschaut.

Man soll nun zwar fortfahren, sich seines Innern zu schämen, aber nicht sich seines vor den Mitmenschen zu schämen.

Größere Not kann nicht empfunden werden, als von Einem Menschen. Denn wenn sich ein Mensch verloren fühlt, so ist das die höchste Not.

　　基督宗教只為了需要無止盡的拯救的人而存在，也就是那些覺得苦難沒有盡頭的人。

　　整個地球遭受的苦難都沒有**一個**靈魂的苦難那麼大。

　　基督教信仰——在我看來——是在這個**不可如何的**苦難當中的庇護所。

　　如果人天生可以在這個苦難當中打開心房而不是收緊它，他也會接納這個拯救進入心裡。

　　但凡人在對著神懺悔時打開心房，他也就是對他人打開心房。他因而會喪失身為有聲望的人的尊嚴，變得像是一個孩子似的。一個人只有出於一種特殊的愛才有辦法在他人面前打開自己。那就像是承認我們都是壞孩子一樣。

　　或許也有人會說：人類之間的仇恨來自於我們的彼此隔閡。因為我們不想讓別人看到我們的內心，因為那裡面並不好看。

　　當然你應該會為了你的內心感到羞愧，但是不會在同伴面前感到羞愧。

　　沒有任何苦難大於一個人感受到的苦難。因為如果一個人感到迷失，那就是最大的苦難。

Circa 1945

◆

Worte sind Taten.

◆

Nur ein sehr unglücklicher Mensch hat das Recht einen Andern zu bedauern.

◆

Man kann vernünftigerweise nicht einmal auf Hitler eine Wut haben; wieviel weniger auf Gott.

◆

Wenn Leute gestorben sind, so sehen wir ihr Leben in einem versöhnlichen Licht. Sein Leben scheint uns durch einen Dunst abgerundet. Aber für *ihn* war's nicht abgerundet, sondern zackig und unvollständig. Für ihn gab es keine Versöhnung; sein Leben ist nackt und elend.

◆

Es ist als hätte ich mich verirrt und fragte ich jemand nun den Weg nach Hause. Er sagt, er wird mich ihn führen und geht mit mir einen schönen ebenen Weg. Der kommt plötzlich zu einem Ende. Und nun sagt mein Freund: "Alles, was Du zu tun hast, ist jetzt noch von hier an den Weg nach Hause finden."

約一九四五年

◆

話語是行為。[43]

◆

只有不幸的人才有權利憐憫別人。

◆

對希特勒發脾氣是不智之舉，對神也是。

◆

當人死了，我們會以和解的心態看他的一生。宛若籠罩著一層薄霧，他的一生在我們看來沒有了稜角。可是對**他**而言，它並沒有變圓，而是崎嶇不平而且不完滿。對他而言並沒有和解；他的一生是赤裸的而且悲慘的。

◆

我彷彿迷路了，問某個人回家的路。他說他會為我指路，和我一起走了一段風光明媚而平坦的路。接著道路突然中斷了。於是我的朋友對我說：「現在你要做的是自己找到回家的路。」

---

43 譯注：「這樣的話，我將要說話語『噢！讓他來吧！』充滿著我的欲望。而話語可從我們身上扭絞而出——就像一聲叫喊。話語很難說出：比方說例如——去造成自我克制，或去供稱一個弱點。（話語也是行為之一種。）」見：《哲學探討》，頁184，張新方譯，海國書局，1987。

1946

♦

Sind *alle* Leute große Menschen? Nein. - Nun, wie kannst Du dann hoffen, ein großer Mensch zu sein! Warum soll Dir etwas zuteil werden, was Deinen Nachbarn nicht zuteil wird? Wofür?! - Wenn es nicht der *Wunsch* ist, reich zu sein, der Dich glauben macht, Du seist reich, so muß es doch eine Beobachtung, eine Erfahrung, sein, die Dir das zeigt! Und welche Erfahrung hast Du (außer der der Eitelkeit)? Nur die eines *Talents*. Und meine Einbildung, ich sei ein außerordentlicher Mensch, ist ja *viel* älter, als meine Erfahrung meines besonderen Talents.

♦

Schubert ist irreligiös und schwermütig.

♦

Von den Melodien Schuberts kann man sagen, sie seien voller *Pointen*, und das kann man von den Mozarts nicht sagen; Schubert ist barock. Man kann auf gewisse Stellen einer Schubertschen Melodie zeigen und sagen: siehst Du, das ist der Witz dieser Melodie, hier spitzt sich der Gedanke zu.

Auf die Melodien der verschiedenen Komponisten kann man jenes Prinzip der Betrachtung anwenden: jede Baumart sei in anderem *Sinne* 'Baum'. D.h.: Laß Dich nicht irreführen dadurch, daß man sagt, alles dies seien Melodien. Es sind Stufen auf einem Weg, der von etwas, was

一九四六年

◆

　　所有人都是偉人嗎？不是。——那麼你怎麼可以希望當個偉人！你為什麼會被賦予你的鄰人所沒有的東西？又是為了什麼？！——如果讓你認為自己富有的，不是那個想要變得有錢的**願望**，那麼一定是你所觀察或經驗到的事物對你證明了這點！而你經驗到什麼呢（除了虛榮以外）？你只是覺得自己有**才華**。而**早在**我覺得自己擁有特殊才華之前，我就已經自認為是個卓犖不群的人了。

◆

　　舒伯特並不虔誠，而且很憂鬱。

◆

　　關於舒伯特的曲調，我們可以說它們**高潮迭起**，至於莫扎特，我們就不能這麼說；舒伯特屬於巴洛克。我們可以指出舒伯特曲調的某個地方說：你看這就是曲調的重點，整個樂思在這裡來到了緊要關頭。

　　以下的考察原則適用於不同的作曲家們的曲調：每個樹種都是不同**意義**下的「樹木」。也就是說：儘管我們說它們都是曲調，你還是不要被誤導了。一條路有許多個路段，從你不會稱為曲調的地方，通到你同樣也不會稱為曲調的地方。如果我們只看調子的順序

Du keine Melodie nennen würdest, zu etwas führt, was Du auch keine nennen würdest. Wenn man bloß die Tonfolgen und den Wechsel der Tonarten ansieht, so erscheinen alle diese Gebilde allerdings in Koordination. Siehst Du aber das Feld an, in dem sie stehen (also ihre Bedeutung), so wird man geneigt sein, zu sagen: Hier ist die Melodie etwas ganz anderes als dort (sie hat hier einen andern Ursprung, spielt eine andere Rolle, u.a.).

◆

Der Gedanke, der sich an's Licht arbeitet.

◆

Die Bemerkung des Jukundus im 'Verlornen Lachen', seine Religion bestünde darin: er wisse, - wenn es ihm jetzt gut geht, - sein Schicksal könne sich zum Schlechten wenden. Dies drückt eigentlich die gleiche Religion aus, wie das Wort "Der Herr hat's gegeben, der Herr hat's genommen".

◆

Es ist schwer, sich recht zu verstehen, denn dasselbe, was man aus Größe und Güte tun *könnte*, kann man aus Feigheit oder Gleichgültigkeit tun. Man kann sich freilich so und so aus wahrer Liebe benehmen, aber auch aus Hinterlist und auch aus Kälte des Herzens. Sowie nicht alle Milde Güte ist. Und nur wenn ich in Religion untergehen könnte, könnten diese Zweifel schweigen. Denn nur Religion könnte die Eitelkeit zerstören und in alle Spalten dringen.

或是轉調，那麼所有這些結構看起來就會很協調。可是如果你著眼於它們所在的上下位置（也就是它們的意義），那麼我們會傾向於說：這裡的曲調和那裡的大不相同（它的起源不同、扮演不同的角色等等）。

◆

奮力走向光源的思想。

◆

《失去的笑容》裡的尤昆杜斯的評論[44]，他說他的宗教在於：他知道——如果他現在生活順遂的話——他的命運會轉為艱難坎坷。這其實是同一個宗教的說法，就像是「上主賞賜的，上主又收回」[45]。

◆

正確地理解自己是很難的事，因為同一個舉動**可能**是出於寬大和善意，也可能是出於懦弱或冷漠。當然，人的行為也會出於真正的愛，但是也有可能是出於算計或是鐵石心腸。就好像並不是所有的和睦都是出於善意。而我唯有可以沉沒在宗教裡，這些懷疑才會啞口無言。因為唯有宗教才可以摧毀虛榮心，滲透到所有鮮為人知的地方。

---

44 譯注：見 Gottfried Keller, *Das verlorene Lachen*, 1874。尤昆杜斯（Jukundus Meyenthal）是故事裡的男主角。他和牧師在宗教問題上有激烈的論辯。

45 譯注：《舊約聖經・約伯記》1:21。

◆

Wenn man vorliest und *gut* vorlesen will, begleitet man die Worte mit stärkeren Vorstellungen. Wenigstens ist es *oft* so. Manchmal aber ["Nach Korinthus von Athen ..."] ist es die Interpunktion, d.h., die genaue Intonation und die Länge der Pausen, auf die uns alles ankommt.

◆

Es ist merkwürdig, wie schwer es fällt, zu glauben, was wir nicht selbst einsehen. Wenn ich z.B. bewundernde Äußerungen der bedeutenden Männer mehrerer Jahrhunderte über Shakespeare höre, so kann ich mich eines Mißtrauens nie erwehren, es sei eine Konvention gewesen, ihn zu preisen; obwohl ich mir doch sagen muß, daß es so nicht ist. Ich brauche die Autorität eines *Milton*, um wirklich überzeugt zu sein. Bei diesem nehme ich an, daß er unbestechlich war. - Damit meine ich aber natürlich nicht, daß nicht eine ungeheure Menge Lobes ohne Verständnis und aus falschen Gründen Shakespeare gespendet worden ist und wird, von tausend Professoren der Literatur.

◆

Die Schwierigkeit *tief* fassen, ist das Schwere.

Denn seicht gefaßt, bleibt sie eben die Schwierigkeit. Sie ist mit der Wurzel auszureißen; und das heißt, man muß auf neue Art anfangen, über diese Dinge zu denken. Die Änderung ist z.B. eine so entschiedene, wie die von der alchemistischen zur chemischen Denkungsweise. - Es ist

◆

　　如果人在朗誦時想要有一點抑揚頓挫，就會為語詞加上若干鮮明的想像。至少是**經常**如此。然而有時候（「從雅典來到哥林多……」）[46]，對於我們所有人而言，重點在於斷句，也就是精準的聲調和停頓的久暫。

◆

　　說也奇怪，我們總是很難相信自己無法理解的事物。例如說，當我聽到若干世紀以前的名人關於莎士比亞的讚嘆之詞，總是不由得懷疑對他的讚美是不是早就成為老生常談；儘管我必須對自己說並非如此。只有像**彌爾頓**那樣的權威人士才能真正說服我。我認定他是個有主見的人。——我的意思當然不是說，在上千個文學教授對於莎士比亞的讚美當中，我不相信有那麼多吹捧是因為不理解他以及出於謬見。

◆

　　追根究柢地抓住難題，這才是困難的地方。
　　因為如果只抓住表層，難題依舊是難題。我們必須把它連根拔起；那是說我們必須另闢蹊徑去思考它。這個改變就像從煉金術過渡到化學的思考方式一樣地關鍵。——新的思考方式總是相當難以建立的。

---

46 譯注：Goethe, *Die Braut von Korinth*, 1797：「從雅典來到哥林多／有一個年輕人，他在那裡還是個陌生人。／他希望博得一位市民的歡心；／兩家的父親是世交，／很早就／把小女兒和兒子／叫作未婚妻和未婚夫。」

die neue Denkweise, die so schwer festzulegen ist.

Ist die neue Denkweise festgelegt, so verschwinden die alten Probleme; ja, es wird schwer, sie wieder zu erfassen. Denn sie sitzen in der Ausdrucksweise; und wird eine neue angezogen, so streift man die alten Probleme mit dem alten Gewand ab.

◆

Die hysterische Angst, die die Öffentlichkeit jetzt vor der Atom-Bombe hat, oder doch ausdrückt, ist beinahe ein Zeichen, daß hier einmal wirklich eine heilsame Erfindung gemacht worden ist. Wenigstens macht die Furcht den Eindruck einer wirklich wirksamen bittern Medizin. Ich kann mich des Gedankens nicht erwehren: wenn hier nicht etwas Gutes vorläge, würden die *Philister* kein Geschrei anheben. Aber vielleicht ist auch das ein kindischer Gedanke. Denn alles, was ich meinen kann, ist doch nur, daß die Bombe das Ende, die Zerstörung, eines gräßlichen Übels, der ekelhaften, seifenwäßrigen Wissenschaft, in Aussicht stellt. Und das ist freilich kein unangenehmer Gedanke; aber wer sagt, was auf eine solche Zerstörung *folgen* würde? Die Leute, die heute gegen die Erzeugung der Bombe reden, sind freilich der *Auswurf* der Intelligenz, aber auch das beweist nicht unbedingt, daß das zu preisen ist, was sie verabscheuen.

◆

Der Mensch ist das beste Bild der menschlichen Seele.

一旦建立了新的思考方式，舊有的問題就會消失；是的，那些問題會變得難以重新理解。因為它和表述方式有關；如果舊有的問題換了一種表述方式，那麼人們就會脫掉它以前的外衣。

◆

民眾對於原子彈感到的或表現出來的歇斯底里的恐慌，差不多就是個訊號，意味著我們總算真正發明了一個有療效的東西。這個恐慌至少給人一個良藥苦口的印象。我不由得這麼想：如果沒有半點好處，那麼那些**市儈**是不會如此叫囂齟齬的。可是或許這個想法也太天真了。因為我的意思只是說，炸彈可望終結或摧毀一個可怕的惡，一種噁心的、肥皂水似的科學。這當然不是什麼討厭的念頭；但是誰能說這個毀滅的**後果**會是什麼？現在反對製造炸彈的人固然都是知識分子的**廢物**，可是這並不必然證明他們所厭惡的東西就是值得讚美的。

◆

人類是人的靈魂最好的圖像。[47]

---

47 譯注：見《哲學探討》，頁226：「如果在腦袋裡思維的圖像可以強加於我，那麼靈魂中思維的圖像不更可肆無忌憚了嗎？人類的身體是人類靈魂的最佳圖像。」

◆

Menschen sind in vorigen Zeiten ins Kloster gegangen. Waren das etwa dumme, oder stumpfe Menschen? - Nun, wenn solche Leute solche Mittel ergriffen haben, um weiter leben zu können, kann das Problem nicht leicht sein!

◆

Die Gleichnisse Shakespeares sind, *im gewöhnlichen Sinne*, schlecht. Sind sie also dennoch gut - und ob sie es sind, weiß ich nicht - so müssen sie ihr eigenes Gesetz sein. Ihr Klang könnte sie z.B. wahrscheinlich, und zur Wahrheit, machen.

Es könnte sein, daß bei Shakespeare die Leichtigkeit, die Selbstherrlichkeit das Wesentliche ist, daß man ihn also hinnehmen müßte, um ihn wirklich bewundern zu können, wie man die Natur, eine Landschaft z.B., hinnimmt.

Wenn ich darin Recht habe, so würde das heißen, daß der Stil des ganzen Werkes, ich meine, seiner gesamten Arbeit, hier das Wesentliche, und Rechtfertigende, ist. -

Daß ich ihn *nicht* verstehe, wäre dann damit zu erklären, daß ich ihn nicht *mit Leichtigkeit* lesen kann. Nicht so, also, wie man eine herrliche Landschaft besieht.

◆

Der Mensch sieht wohl, was er hat, aber nicht, was er ist. Was er

在以前的時代裡，人們會入修道院。他們是闇昧或駑鈍的人嗎？——如果這些人以此作為謀生的工具，問題就沒有那麼簡單了！

◆

莎士比亞的直喻在**一般的意義下**是很拙劣的。所以說如果它們還是很好——我不知道它們究竟是不是——那麼它們一定是自成一格的。比方說，它們的聲韻使它們聽起來一副煞有介事似的。

在莎士比亞那裡，他的舉重若輕以及專斷自負或許才是關鍵，我們必須忍受他，才能夠真正地欣賞他，就像你必須接受大自然，一片風景之類的。

如果我說的是對的，那麼就意味著整個作品的風格，我是說他的所有著作，就是證明的關鍵。

我沒有辦法毫不**費勁**地讀他，這或許可以解釋為什麼我無法理解他。就像眺望一大片雄偉壯觀的風景一樣，一點也不輕鬆。

◆

人看得到他擁有什麼，卻看不到他是什麼。他究竟是什麼，可

ist, ist gleichsam wie seine Höhe über dem Meeresspiegel, die man meistens nicht ohne weiteres beurteilen kann. Und die Größe, oder Kleinheit, eines Werks hängt davon ab, wo der steht, der es gemacht hat.

Man kann aber auch sagen: Der ist nie groß, der sich selbst verkennt: der sich einen blauen Dunst vormacht.

♦

Welch ein kleiner Gedanke doch ein ganzes Leben füllen kann!

Wie man doch sein ganzes Leben lang dasselbe kleine Ländchen bereisen kann, und meinen, es gäbe nichts außer ihm!

Man sieht alles in einer merkwürdigen Perspektive (oder Projektion): das Land, was man unaufhörlich bereist, kommt einem ungeheuer groß vor; alle umgebenden Länder sieht man wie schmale Randgebiete.

Um in die Tiefe zu steigen, braucht man nicht weit reisen; ja, Du brauchst dazu nicht Deine nächste und gewöhnliche Umgebung verlassen.

♦

Es ist sehr *merkwürdig*, daß man zu meinen geneigt ist, die Zivilisation - die Häuser, Straßen, Wagen, etc. - entfernten den Menschen von seinem Ursprung, vom Hohen, Unendlichen, u.s.f. Es scheint dann, als wäre die zivilisierte Umgebung, auch die Bäume und Pflanzen in ihr, billig eingeschlagen in Zellophan, und isoliert von allem Großen und sozusagen von Gott. Es ist ein merkwürdiges Bild, was sich einem da aufdrängt.

以比擬為他所處的海拔高度，我們大多無法直接判斷出來。而一部作品是否偉大或不值一哂，則是取決於創作者站在哪裡。

　　然而我們也可以說：對自己認識不清的人，他不會是個偉大的人：他只是在欺騙自己而已。

◆

　　多麼微不足道的想法，卻填滿了整個人生！

　　正如人可以一輩子都在同一個蕞爾小國裡到處旅行，並且以為在那個國家外面什麼也沒有！

　　人以一個奇怪的視角（或投射）觀看一切：他在其中到處旅遊的國家，在他的眼裡巨大無比；可是周遭的國家卻看似一條狹長的邊界地區。

　　如果要深入探究，我們不必走太遠；是的，你不必離開附近習慣的環境。

◆

　　讓人咋舌的是，人們居然習慣認為文明——房屋、街道、汽車等等——使人遠離了他的源頭，遠離了至高者、無限者等等。於是，在我們看來，文明的環境，包括其中的花草樹木，隨便用玻璃紙包起來，而隔絕於所有偉大的事物以及所謂的神。那是浮現在我們心裡的奇怪畫面。

Meine 'Errungenschaft' ist sehr ähnlich der eines Mathematikers, der einen Kalkül erfindet.

♦

Wenn die Menschen nicht manchmal Dummheiten machten, geschähe überhaupt nichts Gescheites.

♦

Das rein Körperliche kann unheimlich sein. Vergleiche die Art und Weise, wie man Engel und Teufel darstellt. Was man "Wunder" nennt, muß damit zusammenhängen. Es muß sozusagen eine *heilige Gebärde* sein.

♦

Wie Du das Wort "Gott" verwendest, zeigt nicht, *wen* Du meinst - sondern, was Du meinst.

♦

Beim Stierkampf ist der Stier der Held einer Tragödie. Zuerst durch Schmerzen tollgemacht, stirbt er einen langen und furchtbaren Tod.

♦

Ein Held sieht dem Tod in's Angesicht, dem wirklichen Tod, nicht bloß dem Bild des Todes. Sich in einer Krise anständig zu benehmen, heißt nicht einen Helden, gleichsam wie auf dem Theater, gut darstellen können, sondern es heißt dem Tod *selbst* in's Auge schauen können.

Denn der Schauspieler kann eine Menge Rollen spielen, aber am

◆

我的成就相當類似於一個發明微積分的數學家的成就。

◆

如果人沒有偶爾做一點蠢事，那就根本做不出什麼聰明事。

◆

純粹身體性的東西可能會讓人毛骨悚然。我們比較一下形容天使和魔鬼的方式。我們所謂的「神蹟」應該也與此有關。它應該是一個所謂的**神聖手勢**。

◆

你使用「神」這個語詞的方式並沒有說明你所指的是**誰**——而只是說明了你所指的是什麼。

◆

在鬥牛的時候，公牛是一齣悲劇裡的英雄。首先被疼痛激怒，接著被人慢慢折磨而慘死。

◆

一個英雄會直視著死亡，真正的死亡，而不只是死亡的意象。在危難陘厄當中守正不阿，並不是指在劇場裡扮演好英雄的角色。而是指能夠直視著死亡。

因為演員可以扮演許多角色，但是到頭來，身為人的他自己終

Ende muß er doch *selbst* als Mensch sterben.

♦

Worin besteht es: einer musikalischen Phrase mit Verständnis folgen? Ein Gesicht mit dem Gefühl für seinen Ausdruck betrachten? Den Ausdruck des Gesichts eintrinken?

Denk an das Benehmen Eines, der das Gesicht mit Verständnis für seinen Ausdruck zeichnet. An das Gesicht, an die Bewegungen des Zeich-nenden; - wie drückt es sich aus, daß jeder Strich, den er macht, von dem Gesicht diktiert wird, daß nichts an seiner Zeichnung willkürlich ist, daß er ein *feines* Instrument ist?

Ist denn das wirklich ein *Erlebnis*? Ich meine: kann man sagen, daß dies ein Erlebnis ausdrückt?

♦

Noch einmal: Worin besteht es, einer musikalischen Phrase mit Verständnis folgen, oder, sie mit Verständnis spielen? Sieh nicht in Dich selbst. Frag Dich lieber, was Dich sagen macht, *der Andre* tue dies. Und *was* veranlaßt Dich, zu sagen, *er* habe ein bestimmtes Erlebnis? Ja, sagt man das überhaupt? Würde ich nicht eher vom Andern sagen, er habe eine Menge von Erlebnissen?

Ich würde wohl sagen, "Er erlebt das Thema intensiv"; aber bedenke, was davon der Ausdruck ist.

究難逃一死。

◆

理解一段樂句，那究竟什麼意思？以對於一個臉孔的表情的感覺去觀察它，那是什麼意思？而對於一個面部表情心領神會，又是什麼意思呢？

我們想一想人們如何以他對於一個臉孔表情的理解畫下它。想一想那張臉孔，想一想素描的動作；——他畫下的每一筆都是依據臉孔的口述，他的素描沒有任何自作主張的地方，他只是個**精準微調**的工具，這些說明了什麼？

那麼它真的是個**體驗**嗎？我的意思是：這可以說是在表述一個體驗嗎？

◆

再說一次：理解一段樂句，或者心領神會地演奏它，那是什麼意思？那就是不要反觀你自己心裡。而是要問你自己，是什麼讓你說**別人**就是這麼做的。是**什麼**讓你說**他**有某個特定的體驗？我們真的有這麼說嗎？我難道不會說別人有一大堆體驗嗎？

或許我會說：「他對於主題有強烈的體驗。」可是你要想一想它是怎麼被表現的。

♦

Da könnte man nur wieder meinen, das intensive Erleben des Themas 'bestünde' in den Empfindungen der Bewegungen etc., womit wir es begleiten. Und das scheint (wieder) eine beruhigende Erklärung. Aber hast Du irgendeinen Grund, zu glauben, es sei so? Ich meine, z.B., eine Erinnerung an diese Erfahrung? Ist diese Theorie nicht wieder bloß ein Bild? Nein, es ist nicht so: Die Theorie ist nur ein Versuch, die Ausdrucksbewegungen mit einer 'Empfindung' zu kuppeln.

♦

Fragst Du: wie ich das Thema empfunden habe, - so werde ich vielleicht sagen "Als Frage" oder dergleichen, oder ich werde es mit Ausdruck pfeifen etc.

♦

"Er erlebt das Thema intensiv. Es geht etwas in ihm vor, während er es hört?" Und *was*?

Weist das Thema auf nichts außer sich? Oh ja! Das heißt aber: - der Eindruck, den es mir macht, hängt mit Dingen in seiner Umgebung zusammen - z.B. mit der Existenz der deutschen Sprache und ihrer Intonation, das heißt aber mit dem ganzen Feld unsrer Sprachspiele.

Wenn ich z.B. sage: Es ist, als ob hier ein Schluß gezogen würde, als ob hier etwas bekräftigt würde, oder, als ob dies eine Antwort auf das Frühere wäre, - so setzt mein Verständnis eben die Vertrautheit mit

或許人們又會認為，對於主題的強烈體驗「**重點在於**」我們隨著它款款搖擺之類的動作的感覺。這看起來（又）是個讓人寬慰的解釋。可是你有任何理由相信真的是如此嗎？我的意思是，例如說回憶一下這個經驗？這個理論會不會又只是一個圖像？不，不是的：理論只是試圖用把種種表現動作和「一個感覺」齬合在一起罷了。

◆

你會問：我對於主題有什麼感覺──那麼我或許會說「它就像問題一樣」，或許我也會做個吹口哨之類的表情。

◆

「他對於主題有強烈的感受。他在聆聽時，心裡浮現了某個東西。」那究竟是**什麼東西**？

這個主題是否有弦外之音？喔，有的！然而那意味著：它給我的印象和它的環境有關──例如說德語以及它的聲調，也就是說，和我們的語言遊戲的整個場域有關。

例如我會說，這裡宛如得出一個結論，宛如證實了什麼，或者宛如回答了以前的主題──於是，我對於主題的理解預設了對於結論、證實和回答的熟悉程度。

Schlüßen, Bekräftigungen, Antworten, voraus.

Ein Thema hat nicht weniger einen Gesichtsausdruck, als ein Gesicht.

"Die Wiederholung ist *notwendig*." Inwiefern ist sie notwendig? Nun singe es, so wirst Du sehen, daß ihm erst die Wiederholung seine ungeheure Kraft gibt. - Ist es uns denn nicht, als müsse hier eine Vorlage für das Thema in der Wirklichkeit existieren, und das Thema käme ihr nur dann nahe, entspräche ihr nur, wenn dieser Teil wiederholt würde? Oder soll ich die Dummheit sagen: "Es klingt eben schöner mit der Wiederholung"? (Da sieht man übrigens, welche dumme Rolle das Wort "schön" in der Aesthetik spielt). Und doch *ist* da eben kein Paradigma außerhalb des Themas. Und doch *ist* auch wieder ein Paradigma außerhalb des Themas: nämlich der Rhythmus unsrer Sprache, unseres Denkens und Empfindens. Und das Thema ist auch wieder ein *neuer* Teil unsrer Sprache, es wird in sie einverleibt; wir lernen eine neue *Gebärde*.

Das Thema ist in Wechselwirkung mit der Sprache.

Eines ist, in Gedanken säen, eines, in Gedanken ernten.

Die beiden letzten Takte des "Tod und Mädchen" Themas, das ∽; man kann zuerst verstehen, daß diese Figur konventionell, gewöhnlich, ist, bis man ihren tiefern Ausdruck versteht. D.h., bis man versteht, daß hier das Gewöhnliche sinnerfüllt ist.

一個主題和臉孔一樣，都有個臉部表情。

「反覆是**必要的**。」它為什麼是必要的？你只要唱看看，就會看到直到反覆才賦予它極大的力量。——那麼我們難道不會覺得其實存在著一個主題的原型，主題只是在走近它，呼應它，如果這個樂段一再反覆的話？或許我應該倔頭倔腦地說「有了反覆，它聽起來就更美了」？（我們在這裡也看到了「美」這個語詞在美學裡扮演什麼愚蠢的角色。）在主題之外並沒有什麼範式可言。可是在主題之外又真有個範式：也就是節奏以及我們的語言，我們的思考和感覺。而主題則又是我們語言的一個**新的**部分，它被併入其中；我學到了一個新的**姿勢**。

主題會和語言產生交互作用。

在思想裡播種是一回事，在思想裡收割則又是另一回事。

《死神與少女》的主題最後兩小節，∽；我們首先可以了解到，這個音型是傳統的、慣例的，直到我們認識到它深刻的表情。也就是說，直到我們了解到傳統的東西在這裡是富含意義的。

"Lebt wohl!"

♦

"Eine ganze Welt des Schmerzes liegt in diesen Worten." Wie *kann* sie in ihnen liegen? - Sie hängt mit ihnen zusammen. Die Worte sind wie die Eichel, aus der ein *Eichbaum* wachsen kann.

♦

Esperanto. Das Gefühl des Ekels, wenn wir ein *erfundenes* Wort mit erfundenen Ableitungssilben aussprechen. Das Wort ist kalt, hat keine Assoziationen und spielt doch 'Sprache'. Ein bloß geschriebenes Zeichensystem würde uns nicht so anekeln.

♦

Man könnte Gedanken Preise anheften. Manche kosten viel, manche wenig. Und womit zahlt man für Gedanken? Ich glaube: mit Mut.

♦

Wenn das Leben schwer erträglich wird, denkt man an eine Veränderung der Lage. Aber die wichtigste und wirksamste Veränderung, die des eigenen Verhaltens, kommt uns kaum in den Sinn, und zu ihr können wir uns schwer entschließen.

♦

Man kann einen Stil schreiben der, in der Form unoriginell ist - wie der meine - aber mit gut gewählten Wörtern; oder aber einen, dessen

◆

「保重！」

◆

「整個痛苦的世界都在這幾個字裡。」這幾個字怎麼**可能**容納整個世界呢？——它和它們是綁在一起的。語詞就像橡實一樣，從它裡面可以長出一株**橡樹**。

◆

希望。噁心的感覺，當我們以發明的衍生音節說出**發明的**語詞時。這個語詞很冰冷，缺乏任何聯想，卻又玩起「語言」的遊戲。就算是單純的書寫符號系統，也不會讓我們這麼噁心。

◆

我們可以為思想標價。有些很貴，有些很便宜。那麼我們要用什麼去購買思想呢？我相信是：用勇氣買。

◆

如果生活變得難以忍受，我們會想要換個環境。可是最重要且有效的改變，也就是改變自己的態度，卻幾乎沒有浮現我們心頭，而且我們也很難下定決心那麼做。

◆

一個人的寫作風格可能沒什麼創意——就像我一樣——可是用字遣詞或許很漂亮；或者是自出機杼的**風格**，剛剛從心裡萌芽

Form originell, aus dem Innern neu gewachsen, ist. (Und natürlich auch einen, der nur irgendwie aus alten Stücken zusammengestoppelt ist.)

◆

Das Christentum sagt unter anderm, glaube ich, daß alle guten Lehren nichts nützen. Man müsse das *Leben* ändern. (Oder die *Richtung des Lebens*.)

◆

Daß alle Weisheit kalt ist; und daß man mit ihr das Leben so wenig in Ordnung bringen kann, wie man Eisen *kalt* schmieden kann.

◆

Eine gute Lehre nämlich muß einen nicht *ergreifen*; man kann ihr folgen, wie einer Vorschrift des Arztes. - Aber hier muß man von etwas ergriffen und umgedreht werden. - (D.h., so verstehe ich's.) Ist man umgedreht, dann muß man umgedreht *bleiben*.

Weisheit ist leidenschaftslos. Dagegen nennt Kierkegaard den Glauben eine *Leidenschaft*.

◆

Die Religion ist sozusagen der tiefste ruhige Meeresgrund, der ruhig bleibt, wie hoch auch die Wellen oben gehen. -

◆

"Ich habe nie früher an Gott geglaubt" - das versteh' ich. Aber nicht: "Ich habe nie früher wirklich an Ihn geglaubt."

的。（當然也有僅僅是用老東西拼拼湊湊的風格。）

◆

我相信在基督教眾多的說法裡，它會說所有好的教義其實都沒什麼用。人們必須改變**生活**。（或者是人生的**方向**。）

◆

它又說，所有智慧都是冰冷的；我們沒辦法用它們使生活步入正軌，就像鐵塊**冷卻**了就沒辦法打鐵一樣。

◆

好的教義不必讓人**感動**莫名；而是要像醫生的處方一樣讓人可以信受奉行。——可是就算這樣，人也應該會被某個東西感動而轉向回頭——（我是這麼理解的。）一旦人回頭了，他就會**維持**這個轉向。

智慧是沒有激情的東西。相反的，齊克果把信仰稱為一個熱情。[48]

◆

宗教是所謂的寧靜的海床深處，不管上頭再怎麼波浪滔天，它始終安詳平靜。——

◆

「以前我從來沒有信神。」——這是我的理解。但不是說：「我以前從來沒有真正信仰祂。」

---

48 譯注：「一個信徒是戀愛中的人；他甚至是戀人中的戀人；就其熱情而言，也只有血氣方剛的小夥子才差堪比擬。」（齊克果，《致死之病》，頁181，林宏濤譯，商周出版，2017。）

◆

Ich fürchte mich oft vor dem Wahnsinn. Hab ich irgend einen Grund anzunehmen, daß diese Furcht nicht sozusagen einer optischen Täuschung entspringt: ich halte irgend etwas für einen nahen Abgrund, was keiner ist? Die einzige *Erfahrung*, von der ich weiß, die dafür spricht, daß diese keine Täuschung ist, ist der Fall Lenaus. In seinem "Faust" nämlich finden sich Gedanken der Art, wie ich sie auch kenne. Lenau legt sie in den Mund Fausts, aber es sind gewiß seine eigenen über sich selbst. Das Wichtige ist, was Faust über seine *Einsamkeit*, oder *Vereinsamung* sagt.

Auch sein Talent kommt mir dem meinen ähnlich vor: Viel Spreu - aber einige *schöne* Gedanken. Die Erzählungen im "Faust" sind alle schlecht, aber die Betrachtungen oft wahr und groß.

◆

Lenaus "Faust" ist in sofern merkwürdig, als es der Mensch hier nur mit dem Teufel zu tun hat. Gott rührt sich nicht.

◆

Ich glaube, Bacon war kein *scharfer* Denker. Er hatte große, sozusagen breite, Visionen. Aber wer nur diese hat, der muß im Versprechen großartig, im Erfüllen ungenügend, sein.

♦

我常常害怕會發瘋。我有什麼理由認定這個恐懼不是源自所謂的視錯覺：我認為某個東西是腳下的深淵，然而它根本不是？就我所知，只有一個**經驗**可以證明那不是一種錯覺，那就是勒瑙的《浮士德》[49]。因為他的《浮士德》裡有我熟悉的某些想法。勒瑙讓浮士德說出來，然而那當然是他的自我認知。重要的是浮士德如何談到他自己的**孤獨**或者**孤立**。

我覺得他的天賦也和我很類似：一大堆沒有價值的糟粕——可是其中不乏**出色**的思想。《浮士德》裡的敘事都是敗筆，可是其中的思考往往相當真實而且重要。

♦

勒腦的《浮士德》讓人相當費解，因為在那裡，人只和魔鬼打交道。而神則是袖手旁觀。

♦

我覺得培根算不上是**犀利**的思想家。他可以說見多識廣。然而如果一個人僅止於此，那麼他應該會輕諾寡信，口惠而實不至。

人或許可以**虛構**出一架飛機，而說不出它確切的細部構造。在

---

49 譯注：Nikolaus Lenau, *Faust. Ein Gedicht*, 1836, 1840。「浮士德，你為什麼要爬到這些山巔？是要逃離濃霧和懷疑嗎？深淵的濃霧會悄悄襲向你，就在那裡，懷疑也會撫摩你的額頭。」在勒瑙筆下的浮士德不僅追求知識，更渴望權力，想要取代神的地位。魔鬼變身為獵人，在一次山崩時救了浮士德，和他簽約，要他背離神。一般認為浮士德的角色是他自己的投射。

Jemand könnte eine Flugmaschine *erdichten*, ohne es mit ihren Einzelheiten genau zu nehmen. Ihr Äußeres mag er sich sehr ähnlich dem eines richtigen Aeroplanes vorstellen, und ihre Wirkungen malerisch beschreiben. Es ist auch nicht klar, daß so eine Erdichtung wertlos sein muß. Vielleicht spornt sie Andere zu einer anderen Art von Arbeit an. - Ja, während diese, sozusagen von fern her, die Vorbereitungen treffen, zum Bauen eines Aeroplanes, der wirklich fliegt, beschäftigt Jener sich damit, zu träumen, wie dieses Aeroplan aussehen muß, und was er leisten wird. Über den Wert dieser Tätigkeiten ist damit noch *nichts* gesagt. Die des Träumers *mag* wertlos sein - und auch die andere.

◆

Den Wahnsinn *muß* man nicht als Krankheit ansehen. Warum nicht als eine plötzliche - mehr oder *weniger* plötzliche - Charakteränderung?

◆

Jeder Mensch ist (oder die Meisten sind) mißtrauisch, und vielleicht gegen die Verwandten mehr, als gegen Andere. Hat das Mißtrauen einen Grund? Ja und nein. Man kann dafür Gründe angeben, aber sie sind nicht zwingend. Warum soll ein Mensch nicht plötzlich gegen die Menschen *viel* mißtrauischer werden? Warum nicht *viel* verschlossener? Oder liebeleer? Werden Menschen dies nicht auch im gewöhnlichen Verlauf? - Wo ist hier die Grenze zwischen Wollen und Können? *Will* ich mich niemandem mehr mitteilen, oder *kann* ich's nicht? Wenn so vieles seinen Reiz verlieren

他的想像裡，它的外觀或許和真正的飛機維妙維肖，而他也歷歷如繪地描述了它的種種功能。而我們也不確定這樣的虛構是否一定沒有價值。或許它可以鼓舞別人從事另一種工作。——於是，早在別人依舊在醞釀著怎麼建造真正可以飛行的飛機以前，他就忙著在作夢，想像飛機的外觀以及它的功能。我們不能說這些行為到底有什麼價值。作夢的人的行為或許**沒有什麼**價值——其他人的行為**可能**也是。

♦

我們**不能**把瘋狂視為疾病。它為什麼不會是一種突然的——多**少**有點突然——性格丕變？

♦

每個人（或者大多數的人）都會疑神疑鬼，比起對於外人，或許對於親人更是如此。這個不信任有個理由嗎？可以說有也可以說沒有。我們可以為此舉出種種理由，但是它們並沒有說服力。一個人為什麼不會突然對別人變得**更加**不信任？為什麼不會**更加**退縮？或者是沒有愛了？人們在例行事務上面難道不會也變成這樣？——意願和能力之間的分野到底在哪裡？我是再也不**願意**對別人傾訴衷情，或者是**沒辦法**？如果說有那麼多事物失去了它們的魅力，那麼為什麼不是所有事物？如果說我在生活裡都這麼小心翼翼，那麼我

kann, warum nicht Alles? Wenn der Mensch auch im gewöhnlichen Leben verschlagen ist, warum soll er nicht - und *vielleicht* plötzlich - noch *viel* verschlagener werden? Und *viel* unzugänglicher.

◆

Eine Pointe im Gedicht ist *überspitzt*, wenn die Verstandesspitzen nackt zu Tage treten, nicht überkleidet vom Herzen.

◆

So, es kann ein Schlüssel für ewig da liegen, wohin ihn der Meister gelegt hat, und nie verwendet werden, das Schloß aufzusperren, dafür der Meister ihn geschmiedet hat.

◆

"Es ist höchste Zeit, daß wir diese Erscheinungen mit etwas *anderem* vergleichen" - kann man sagen. - Ich denke da, z.B., an Geisteskrankheiten.

◆

Freud hat durch seine phantastischen pseudo-Erklärungen (gerade weil sie geistreich sind) einen schlimmen Dienst erwiesen.

Jeder Esel hat diese Bilder nun zur Hand, mit ihrer Hilfe Krankheitserscheinungen zu 'erklären'.)

◆

Die Ironie in der Musik. Bei Wagner z.B. in den "Meistersingern". Unvergleichlich tiefer im ersten Satz der IX. im Fugato. Hier ist etwas,

為什麼不會——**也許**是突然間——變得**更加**多疑？而且**更加**難以接近。

◆

如果說一個人的才學鋒芒外露而沒有以心靈包覆，那就是在詩裡尋章摘句而**過度炫耀**。

◆

所以說，鑰匙可能一直都在鎖匠原本擺放的地方，而從來沒有用來打開鎖匠打造的鎖。

◆

「現在正是最好的時候，我們要把這些現象和**其他**事物做個比較。」——或許有人會這麼說——我想到的是精神疾病。

◆

佛洛伊德讓人拍案叫絕的假解釋（正因為它們妙趣橫生）證明是有害的行為。

（現在任何一個蠢蛋手裡都有這些圖像以幫助他們「解釋」疾病的症候。）

◆

音樂裡的反諷。例如華格納的《紐倫堡的名歌手》。第九號交響曲第一樂章的賦格風樂段更加深沉無比。[50]它呼應了人在說話時

---

50 譯注：「賦格風樂段。非賦格風的曲子中的一部分。此種樂段往往出現在交響曲、奏鳴曲和四重奏的開展部中。」（《大陸音樂辭典》，頁446。）

was in der Rede dem Ausdruck grimmiger Ironie entspricht.

♦

Ich hätte auch sagen können: das Verzerrte in der Musik. In dem Sinne, in dem man von gramverzerrten Zügen spricht. Wenn Grillparzer sagt, Mozart habe in der Musik nur das "Schöne" zugelassen, so heißt das, glaube ich, daß er nicht das Verzerrte, Gräßliche zugelassen habe, daß in seiner Musik sich nichts findet, was *diesem* entspricht. Ob das ganz wahr ist, will ich nicht sagen; aber angenommen, es ist so, so ist es ein Vorurteil Grillparzers, daß es von Rechts wegen nicht anders sein dürfe. Daß die Musik nach Mozart (besonders natürlich durch Beethoven) ihr Sprachgebiet erweitert hat, ist weder zu preisen, noch beklagen; sondern: *so hat sie sich gewandelt.* In Grillparzers Verhalten ist eine Art von Undankbarkeit. Wollte er *noch* einen Mozart haben? Konnte er sich etwas vorstellen, was so einer nun komponieren würde? Hätte er sich Mozart vorstellen können, wenn er ihn nicht gekannt hätte?

Hier hat auch der Begriff "das Schöne" manchen Unfug angestellt.

♦

Begriffe *können* einen Unfug erleichtern oder erschweren; begünstigen oder hemmen.

♦

Die grinsenden Gesichter der Dummen können uns allerdings glauben machen, *sie* hätten kein wirkliches Leid; aber sie haben es, nur

猛烈的反諷的表現方式。

◆

　　或許我也可以說：音樂裡的扭曲部分。和我們所說的因為痛苦而扭曲的臉部表情意思是一樣的。當格里帕策說，莫扎特的音樂裡只接受「美的事物」，我認為他的意思是說莫扎特不容許任何扭曲的、醜陋的事物，在他的音樂裡沒有任何東西和**這類事物**相互呼應。我不敢說他說的完全正確；但是就算假設他說的沒錯，如果他認為照道理說必然如此，那也是格里帕策的偏見。自莫扎特以來（當然是經由貝多芬）的音樂大幅擴大其語言範圍，這個事實既沒有什麼好讚美的，也沒有什麼要惋惜的；而是說：**它就是這麼蛻變的**。格里帕策的態度有點不知感激的意思。他**還**想再要一個莫扎特嗎？他可以想像現在那個莫扎特會怎麼作曲？如果他原本不認識莫扎特，他會怎麼想像他？

　　就此而言，「美」的概念也在其中搞了幾場惡作劇。

◆

　　概念**可以**減輕或是加重惡作劇的損害；概念可以推波助瀾或者是制止它。

◆

　　蠢蛋齜牙咧嘴的鬼臉或許會讓人覺得**他們**其實不覺得痛苦；可是他們當然也會感到痛苦，只是他們的痛處和聰明人不在同一個地

woanders als der Gescheitere. Sie haben, sozusagen, keinen *Kopf*schmerz, aber soviel anderes Elend, wie jeder Andere. Es muß ja nicht alles Elend, den *gleichen* Gesichtsausdruck hervorrufen. Ein edlerer Mensch in seinen Leiden wird anders ausschaun als ich.

♦

Ich kann nicht niederknien, zu beten, weil gleichsam meine Knie steif sind. Ich fürchte mich vor der Auflösung (vor meiner Auflösung), wenn ich weich würde.

♦

Ich zeige meinen Schülern Ausschnitte aus einer ungeheuern Landschaft, in der sie sich unmöglich auskennen können.

1947

♦

Die apokalyptische Ansicht der Welt ist eigentlich die, daß sich die Dinge *nicht* wiederholen. Es ist z.B. nicht unsinnig, zu glauben, daß das wissenschaftliche und technische Zeitalter der Anfang vom Ende der Menschheit ist; daß die Idee vom großen Fortschritt eine Verblendung ist, wie auch von der endlichen Erkenntnis der Wahrheit; daß an der wissenschaftlichen Erkenntnis nichts Gutes oder Wünschenswertes ist und daß die Menschheit, die nach ihr strebt, in eine Falle läuft. Es ist

方。他們沒有所謂的**頭**痛，可是他們和其他人一樣也有許多其他的痛苦。不是所有痛苦都會引起**相同的**表情。名人雅士在感到痛苦時的表情和我就不一樣。

◆

我沒辦法跪下來禱告，因為我的膝蓋似乎太僵硬了。我害怕如果我變軟了就會溶解掉（害怕我的溶解）。

◆

我讓我的學生看一張巨大地圖的一個部分，他們不可能熟悉的部分。

一九四七年

◆

關於世界的天啟觀點其實是說，事物**不會**重複。例如說，認為科學和科技的時代是人類末日的開端，那並不是無稽之談；或者是巨大進步的觀念，相信人終究會認識到真理，其實是個癡心妄想，或者是認為科學知識一無是處，也不值得嚮往，認為追求它的人們是在掉入一個陷阱。我們很難說其實並非如此。

durchaus nicht klar, daß dies nicht so ist.

♦

Was ein Mann träumt, das erfüllt sich so gut wie nie.

♦

Sokrates, der den Sophisten immer zum Schweigen bringt - bringt er ihn *mit Recht* zum Schweigen? - Ja, der Sophist weiß nicht, was er zu wissen glaubte; aber das ist kein Triumph für Sokrates. Weder kann es heißen "Sieh da! Du weißt es nicht!" - noch, triumphierend, "Also wissen wir Alle nichts!"

♦

Die Weisheit ist etwas Kaltes, und insofern Dummes. (Der Glaube dagegen, eine Leidenschaft.) Man könnte auch sagen: Die Weisheit *verhehlt* Dir nur das Leben. (Die Weisheit ist wie kalte, graue Asche, die die Glut verdeckt.)

♦

Scheue Dich *ja* nicht davor, Unsinn zu reden! Nur mußt Du auf Deinen Unsinn lauschen.

♦

Die Wunder der Natur.

Man könnte sagen: die Kunst *zeige* uns die Wunder der Natur. Sie basiert auf dem *Begriff* der Wunder der Natur. (Die sich öffnende Blüte. Was ist an ihr *herrlich*?) Man sagt: "Sieh, wie sie sich öffnet!"

◆

一個人的夢幾乎不會實現。

◆

總是讓辯士們啞口無言的蘇格拉底——他真的**有理由**叫他們閉嘴嗎？——是的，辯士不知道他自以為知道的事物；然而對於蘇格拉底而言，那並不是什麼勝利。他也不是要說：「你瞧！你果然不知道！」——也不是要得意洋洋地說：「我們所有人其實一無所知！」

◆

智慧是冰冷的東西，因而是愚蠢的東西。（反之，信仰是一種熱情。）我們也可以說：智慧只會使你**虛度**人生。（智慧就像是覆蓋著炭火的灰冷餘燼。）

◆

不要害怕**盡**說些荒謬的話！可是你要側耳傾聽自己的荒謬。

◆

大自然的奇蹟。

我們或許可以說：藝術對我們**呈現**大自然的奇蹟。它是奠基於自然奇蹟的**概念**。（盛開的蓓蕾。那有什麼**奇妙的**？）人們會說：「你瞧，它正含苞待放呢！」

◆

Durch einen Zufall nur könnten die Träume eines Menschen von der Zukunft der Philosophie, der Kunst, der Wissenschaft, sich bewahrheiten. Was er sieht, ist eine Fortsetzung seiner Welt im Traum, also VIELLEICHT sein Wunsch (vielleicht auch nicht), aber nicht die Wirklichkeit.

◆

Auch der Mathematiker kann natürlich die Wunder (das Kristall) der Natur anstaunen; aber kann er es, wenn es einmal problematisch geworden ist, *was* er denn anschaut? Ist es wirklich möglich, solange eine philosophische Trübe das *verschleiert*, was das Staunenswerte oder Angestaunte ist?

Ich könnte mir denken, daß Einer Bäume bewundert, und auch die Schatten, oder Spiegelungen von Bäumen, die er für Bäume hält. Sagt er sich aber einmal, daß es doch keine Bäume sind und wird es für ihn problematisch, was sie sind, oder was ihre Beziehung zu Bäumen ist, dann hat die Bewunderung einen Riß, der erst zu heilen ist.

◆

Manchmal kann ein Satz nur verstanden werden, wenn man ihn im *richtigen Tempo* liest. Meine Sätze sind alle *langsam* zu lesen.

◆

Die 'Notwendigkeit', mit der der zweite Gedanke auf den ersten

◆

　　一個人關於哲學、藝術和科學的未來的夢，或許只有在無心插柳的情況下才能成真。他在夢裡看到的，是他的世界的延伸，所以**或許**是他的願望（也或許不是），而不是現實。

◆

　　就算是數學家也會讚嘆大自然的奇蹟（結晶）；但是如果被問到他究竟觀察到**什麼**的問題時，他還會讚嘆它嗎？哲學的陰霾真的有可能**掩蔽**那讓人驚奇或讚嘆的事物嗎？

　　我可以理解一個人不僅僅讚美樹木，也讚美樹蔭或是樹木的投影，認為那也是樹木。然而他要是說，它們其實不是樹木，並且質疑它們到底是什麼東西，和樹木到底是什麼關係，那麼這個讚嘆就成了必須加以治療的撕裂傷。

◆

　　有時候我們必須以**正確的節奏**讀一個句子，才有辦法理解它。我的每個句子都必須**慢慢讀**。

◆

　　第二個樂思接續前一個樂思的「必要性」。（賦格風樂曲的序

folgt. (Figaro Ouvertüre.) Nichts dümmer, als zu sagen, es sei *'angenehm'* den einen nach dem andern zu hören. - Aber das Paradigma, wonach das alles *richtig* ist, ist freilich dunkel. 'Es ist die natürliche Entwicklung.' Man macht eine Handbewegung, möchte sagen: "natürlich!" - Man könnte den Übergang auch einem Übergang, dem Eintritt einer neuen Figur in einer Geschichte, z.B., oder einem Gedichte, vergleichen. *So* paßt dies Stück in die Welt unsrer Gedanken und Gefühle hinein.

◆

Die Falten meines Herzens wollen immer zusammenkleben, und um es zu öffnen müßte ich sie immer wieder auseinanderreißen.

◆

Der amerikanische dumme und naive Film kann in aller seiner Dummheit und *durch* sie belehren. Der trottelhafte, nicht-naive englische Film kann nicht belehren. Ich habe oft aus einem dummen amerikanischen Film eine Lehre gezogen.

◆

Ist, was ich tue, überhaupt der Mühe wert? Doch nur, wenn es von oben her ein Licht empfängt. Und ist es so, - warum sollte ich mich sorgen, daß mir die Früchte meiner Arbeit nicht gestohlen werden? Wenn, was ich schreibe, wirklich wertvoll ist, wie sollte man mir das Wertvolle stehlen? Ist das Licht von oben *nicht* da, so kann ich ja doch nur geschickt sein.

曲。）如果有人說一個接一個聽下去是個**「賞心樂事」**，那真是再愚蠢不過的話了。然而，讓所有事物**各安其位**的範式，其實相當含糊不清。「那是自然的發展。」或許人們會雙手一攤說：「當然囉！」或許我們也會把一個過門[51]比擬成一個過渡，就像是一則故事或一首詩裡的一個新角色的登場。樂曲就是**如此**契入我們的思想和情感的世界裡的。

◆

我的心臟內膜很容易沾黏，為了打開它，我每次都必須撕裂它。

◆

天真傻氣的美國電影，正因為它的傻氣，所以會發人深省。至於白痴又忸怩的英國電影則沒有任何教育意義。傻里傻氣的美國電影往往讓我上了一課。

◆

我所做的事真的不是枉費工夫嗎？唯有頭上有一道光照下來，它才是有價值的。若真是如此——我為什麼要擔心我努力的成果會不會被偷走呢？如果我寫的東西真的是有價值的，別人要怎麼從我身上偷走這個有價值的東西呢？如果**沒有**頭上的那道光，我也只是略識之無罷了。

---

51 譯注：又叫作「過渡樂段」。「引導主要樂節到另一個樂節的過渡句，如由樂章的第一主題到第二主題。」（《大陸音樂辭典》，頁1350。）或者是指「暫轉調」。

◆

Ich verstehe es vollkommen, wie Einer es *hassen* kann, wenn ihm die Priorität seiner Erfindung, oder Entdeckung, streitig gemacht wird, daß er diese Priorität 'with tooth and claw' verteidigen möchte. *Und doch* ist sie nur eine Chimare. Es scheint mir freilich zu billig, allzuleicht, wenn *Claudius* über die Prioritätsstreitigkeiten zwischen Newton und Leibniz spottet; aber es ist, glaube ich, doch wahr, daß dieser Streit nur üblen Schwächen entspringt und von ÜBLEN Menschen genährt wird. *Was* hätte Newton verloren, wenn er die Originalität Leibnizs anerkannt hätte? Gar nichts! Er hätte viel gewonnen. Und doch, wie schwer ist dieses Anerkennen, das Einem, der es versucht, wie ein Eingeständnis des eigenen Unvermögens erscheint. Nur Menschen, die Dich schätzen und zugleich *lieben*, können Dir dieses Verhalten *leicht* machen.

Es handelt sich natürlich um *Neid*. Und wer ihn fühlt, müßte sich immer sagen: "Es ist ein Irrtum! Es ist ein Irrtum! -"

◆

Im Gefolge jeder Idee, die viel kostet, kommen eine Menge billiger; darunter auch einige, die nützlich sind.

◆

Manchmal sieht man Ideen, wie der Astronom von uns aus weit entlegenen Sternenwelten. (Oder es scheint doch so.)

◆

　　我完全可以理解，如果一個人的發明或發現被人質疑其時間上的優先性，他會有多麼**忿忿不平**，他會想要「竭盡全力地」為他的優先性辯護。**然而**那只是個空想。**克勞狄烏斯**對於牛頓和萊布尼茲之間的優先性論戰冷嘲熱諷[52]，我覺得的確過於廉價而輕率，然而我相信這個論戰只是源自醜惡的懦弱，再加上卑鄙的人們的搧風點火。如果牛頓承認萊布尼茲的原創性，他會有**什麼**損失呢？一點也不會！他反而會大有斬獲。但是要他承認這點的確太難了，那就像是試圖招認自己的無能一樣。只有敬重你、**愛**你的人，才有辦法讓你**放心**這麼做。

　　當然問題在於**嫉妒**。心生嫉妒的人，應該都會不斷對自己說：「那是個誤會！那是個誤會！——」

◆

　　在任何珍貴的想法後面，會有一大堆廉價的想法接踵而至；其中也不乏有用的想法。

◆

　　我們觀看觀念的方式有時候就像是天文學家觀察遙遠的天體世界一樣。（或者只是看起來如此。）

---

52 譯注：牛頓和萊布尼茲兩人為了誰才是微積分的發明者鬧到英國皇家學院，一七一二年，由牛頓主導的調查認定萊布尼茲抄襲。現在科學界則是認為兩人是微積分的共同發明人。克勞狄烏斯（Matthias Claudius, 1740-1815），德國詩人。

◆

Wenn ich einen *guten* Satz geschrieben hätte, und durch Zufall wären es zwei reimende Zeilen, so wäre dies ein *Fehler*.

◆

Aus Tolstois schlechtem Theorisieren, das Kunstwerk übertrage 'ein Gefühl', könnte man *viel* lernen. - Und doch könnte man es, wenn nicht den Ausdruck eines Gefühls, einen Gefühlsausdruck nennen, oder einen gefühlten Ausdruck. Und man könnte auch sagen, daß die Menschen, die ihn verstehen, gleichermaßen zu ihm 'schwingen', auf ihn antworten. Man könnte sagen: Das Kunstwerk will nicht *etwas anderes* übertragen, sondern sich selbst. Wie, wenn ich Einen besuche, ich nicht bloß die und die Gefühle in ihm zu erzeugen wünsche, sondern vor allem ihn besuchen, und freilich auch gut aufgenommen werden will.

Und schon erst recht unsinnig ist es, zu sagen, der Künstler wünsche, daß, was er beim Schreiben, der Andre beim Lesen fühlen solle. Ich kann wohl glauben, ein Gedicht (z.B.) zu verstehen, es so zu verstehen, wie sein Erzeuger es sich wünschen würde, - aber was *er* beim Schreiben gefühlt haben mag, das kümmert mich *gar* nicht.

◆

So wie ich keine Verse schreiben kann, so kann ich auch Prosa nur

◆

　　如果我寫了一個**佳**句，而它剛好是兩行有押韻的句子，那就是個**瑕疵**。

◆

　　托爾斯泰認為藝術作品是在傳達「一個情感」，儘管他的論述相當拙劣，我們卻由此明白了**許多**東西。[53]——它就算不是情感的唯一表現方式，我們也可以說它是一種情感的表現，或者是被感受到的表現。我們也可以說，理解這個表現的人也會產生「共鳴」並且回應它。我們可以說：藝術作品只是想要傳達它自己，而不是任何**其他事物**。那就像是當我拜訪一個人，我並不是想要讓他心生什麼感覺，而主要是要拜訪他，當然也想要得到盛情的接待。

　　如果說藝術家想要讀者感受到他在寫作時的感受，那就太荒謬了。我固然可以相信自己看懂了一首詩（舉例來說），以創作者所要的方式理解它——可是不管**他**在寫作時感受到什麼，那都不關我的事。

◆

　　就像我沒辦法寫詩一樣，我的散文寫作也**僅止於此**。我的散文

---

53 譯注：見托爾斯泰，《藝術論》，頁40，耿濟之譯，晨鐘出版社，1972：「只要視者聽者能感到製作者所感同樣的情感，這就是藝術。藝術行為是引出自己所受的情感，而藉著行動、線條、顏色、聲音及言語所顯出的樣式來傳達其情感於他人。」

soweit, und nicht weiter, schreiben. Meiner Prosa ist eine ganz bestimmte Grenze gesetzt, und ich kann ebenso wenig über *sie* hinaus, als ich es vermöchte, ein Gedicht zu schreiben. Mein Apparat ist *so* beschaffen; nur dieser Apparat steht mir zur Verfügung. Es ist, wie wenn Einer sagte: Ich kann in diesem Spiel nur *diesen* Grad der Vollkommenheit erreichen; und nicht *jenen*.

◆

Es ist *möglich*, daß Jeder, der eine bedeutende Arbeit leistet, eine Fortsetzung, eine Folge, seiner Arbeit im Geiste vor sich sieht, - träumt; aber es wäre doch merkwürdig, wenn es nun wirklich so käme, wie er es geträumt hat. Heute nicht an die eigenen Träume zu glauben, ist freilich leicht.

◆

Nietzsche schreibt einmal, daß auch die besten Dichter und Denker Mittelmäßiges und Schlechtes geschrieben, nur eben das Gute davon geschieden haben. Aber ganz so ist es nicht. Ein Gärtner hat in seinem Garten freilich neben den Rosen auch den Dünger und Kehricht und Stroh, aber sie unterscheiden sich nicht nur in der Güte, sondern vor allem in ihrer Funktion im Garten.

Was wie ein schlechter Satz ausschaut, kann der *Keim* zu einem guten sein.

有個明確的界限，而我也不想踰越它，正如我也沒辦法寫詩。我天生就只有**這麼多**配備而已；這些就是我可以使用的配備。那就像是有人會說：這個遊戲我只能玩到**這個**完美程度而已；我沒辦法超越它。

◆

任何一個成就一個重要作品的人，在心裡都看到了他的作品要怎麼開展和延伸——**就像**作夢一樣；可是如果真的如他夢裡所見的成就其作品，那又太詭異了。現在，再也不相信自己的夢境，反倒是容易的事。

◆

尼采有一次說，就算是最卓越的詩人和思想家也會寫出平庸和拙劣的作品，他們只是把優秀的作品挑揀出來而已。[54] 但是並不完全如此。一個園丁的花園裡除了玫瑰以外，當然也有堆肥、垃圾和雜草，但是它們並沒有蘭艾之分，而主要是取決於它們在花園裡的功能。

那就像是：一個看起來的拙劣句子，有可能是一個佳句的**胚芽**。

---

54 譯注：Friedrich Nietzsche, *Menschliches, Allzumenschliches*, I, §155。「其實，卓越的藝術家或者思想家的想像會不斷創作出優秀的、平庸的以及拙劣的東西，可是他極為犀利而熟練的判斷力會加以捨棄、篩選和重組。」

♦

Die Fähigkeit des 'Geschmacks' kann keinen Organismus schaffen, nur einen schon vorhandenen regulieren. Der Geschmack lockert Schrauben und zieht Schrauben an, er schafft nicht ein neues Uhrwerk.

♦

Der Geschmack reguliert. Das Gebären ist nicht seine Sache.

♦

Der Geschmack macht ANNEHMBAR.

♦

(Darum braucht, glaube ich, der große Schöpfer keinen Geschmack; das Kind kommt wohlgeschaffen zur Welt.)

♦

Feilen ist *manchmal* Tätigkeit des Geschmacks, manchmal nicht. *Ich* habe Geschmack.

♦

Auch der *feinste* Geschmack hat mit Schöpferkraft *nichts* zu tun.

♦

Geschmack ist Feinheit der Empfindung; Empfindung aber *tut* nicht, sie nimmt nur auf.

♦

Ich vermag *nicht* zu beurteilen, ob ich nur Geschmack, oder auch Originalität habe. Jenen sehe ich klar, diese nicht, oder ganz undeutlich.

◆

「品味」的能力沒辦法創造出任何生命體，而只能校準既有的東西。品味可以把螺絲鬆開或拴緊，但是沒辦法創造出一個新的機械裝置。

◆

品味是用來校正的。它不會生出任何東西。

◆

品味使事物**符合**人的要求。

◆

（我覺得正因為如此，偉大的創作者並不需要品味；孩子在誕生時就已經成形了。）

◆

有時候，潤色也是品味的功能之一，有時候不是。**我**是個有品味的人。

◆

品味再怎麼**優雅**，也和創造力**無關**。

◆

品味是指感覺的優雅；可是感覺什麼也不**做**，它只會接受。

◆

我**無法**判斷我究竟是只有品味而已，或者也有原創性。關於品味，我很清楚我有，至於原創性，我則沒有，或者是不明顯。或許

Und vielleicht muß es so sein, und man sieht nur, was man *hat*, nicht was man ist. Wenn Einer nicht lügt, ist er originell genug. Denn die Originalität, die wünschenswert wäre, kann doch nicht eine Art Kunststück sein, oder eine Eigenheit, wie immer ausgeprägt.

◆

Ja schon das ist ein Anfang guter Originalität, nicht sein zu wollen, was man nicht ist. Und alles das ist von Andern schon *viel* besser gesagt worden.

◆

Geschmack kann entzücken, aber nicht ergreifen.

◆

Man kann einen alten Stil gleichsam in einer neueren Sprache wiedergeben; ihn sozusagen neu aufführen in einem Tempo, das unsrer Zeit gemäß ist. Man ist dann eigentlich nur reproduktiv. Das habe ich beim Bauen getan.

Was ich meine, ist aber *nicht* ein neues Zurechtstutzen eines alten Stils. Man nimmt nicht die alten Formen und richtet sie dem neuen Geschmack entsprechend her. Sondern man spricht, vielleicht unbewußt, in Wirklichkeit die alte Sprache, spricht sie aber in einer Art und Weise, die der neuern Welt, darum aber nicht notwendigerweise ihrem Geschmacke, angehört.

◆

Der Mensch reagiert so: er sagt "*Nicht* das!" - und kämpft es an.

那是理所當然的事，人們總是只看到自己**有**什麼，而不知道自己是什麼。人只要不說謊，他就有足夠的原創性。因為值得追求的原創性不會是一種技藝或者是人格特質，不管它再怎麼突出。

◆

其實，當你不想做那些悖離你的本性的事，那就是好的原創性的一個起點。關於這點，別人早就有**更**好的說法了。

◆

品味或許很有魅力，但是並不感人。

◆

我們可以用新的語言重現舊有的風格；我們可以說是以一個符合我們時代的節奏重新演奏它。所以我們其實只是在複製而已。我的建築工程也是如此。

然而我的意思**不是**重新修剪一個舊有的風格。我們不是找來一個舊有的形式，然後依據新的品味整修它。反之，我們其實不自覺地使用舊有的語言，不過是以屬於現代世界的方式，卻並不因此就必然符合它的品味。

◆

人們的反應是：他會說「**不行！**」——並且抗拒它。由此或

Daraus entstehen vielleicht Zustände, die ebenso unerträglich sind; und vielleicht ist dann die Kraft zu weiterer Revolte verausgabt. Man sagt "Hätte *der* nicht *das* getan, so wäre das Übel nicht gekommen". Aber mit welchem Recht? Wer kennt die Gesetze, nach denen die Gesellschaft sich entwickelt? Ich bin nüberzeugt, daß auch der Gescheiteste keine Ahnung hat. Kämpfst Du, so kämpfst Du. Hoffst Du, so hoffst Du.

Man kann kämpfen, hoffen und auch glauben, ohne *wissenschaftlich* zu glauben.

◆

Die Wissenschaft: Bereicherung und Verarmung. Die *eine* Methode drängt alle andern beiseite. Mit dieser verglichen scheinen sie alle ärmlich, höchstens Vorstufen. Du mußt zu den Quellen niedersteigen, um sie alle nebeneinander zu sehen, die vernachlässigten und die bevorzugten.

◆

Kann *ich* nur keine Schule gründen, oder kann es ein Philosoph nie? Ich kann keine Schule gründen, weil ich eigentlich nicht nachgeahmt werden will. Jedenfalls nicht von denen, die Artikel in philosophischen Zeitschriften veröffentlichen.

◆

Der Gebrauch des Wortes "Schicksal". Unser Verhalten zur Zukunft und Vergangenheit. Wieweit halten wir uns für die Zukunft verant-

許衍生出若干同樣難以忍受的情況，或許耗盡了反抗的力量。有人會說：「如果**他**沒有**那麼**做，就不會招致惡果了。」然而他們憑什麼這麼說？誰曉得社會演變的法則是什麼？我相信再怎麼聰明的人都不知道。如果你要奮戰，就去奮戰吧。如果你盼望什麼，那麼就去盼望吧。

　　我們可以奮戰、盼望，也可以相信，儘管不是有**科學**依據的信念。

◆

　　科學：增益和減損。**一個**方法排擠了所有其他方法。相較之下，那些其他方法顯得很寒傖，至多只是前置階段而已。你必須下探其源頭，才能夠並觀它們，不管是被忽略的或偏好的方法。

◆

　　是不是只有**我**才沒有辦法建立任何學派，或者是任何哲學家都做不到？我無法建立任何學派，因為我其實不想被人模仿。無論如何都不想被那些在哲學期刊裡發表論文的人們模仿。

◆

　　「命運」這個字眼的用法。我們對於未來和過去的態度。我們覺得自己要為未來負多大的責任？我們對於未來有多少臆想？我們

wortlich? Wieviel spekulieren wir über die Zukunft? Wie denken wir über Vergangenheit und Zukunft? Wenn etwas Unangenehmes geschieht: - fragen wir "Wer ist schuld?", sagen wir "Jemand muß dran schuld sein", - oder sagen wir "Es war Gottes Wille", "Es war Schicksal"?

Wie, eine Frage stellen, auf ihre Antwort dringen, oder sie nicht stellen, ein anderes Verhalten, eine andere Art des Lebens ausdrückt, *so*, in diesem Sinne, auch ein Ausspruch wie "Es ist Gottes Wille" oder "Wir sind nicht Herren über unser Schicksal". Was dieser Satz tut, oder doch Ähnliches, könnte auch ein Gebot tun! Auch eins, was man sich selbst gibt. Und umgekehrt kann ein Gebot, z.B. "Murre nicht!" als Feststellung einer Wahrheit ausgesprochen werden.

◆

Das Schicksal steht im Gegensatz zum Naturgesetz. Das Naturgesetz will man ergründen, und verwenden, das Schicksal nicht.

◆

Es ist mir durchaus nicht klar, daß ich eine Fortsetzung meiner Arbeit durch Andre mehr wünsche, als eine Veränderung der Lebensweise, die alle diese Fragen überflüssig macht. (Darum könnte ich nie eine Schule gründen.)

◆

Der Philosoph sagt "Sieh' die Dinge *so* an!" - aber damit ist erstens nicht gesagt, daß die Leute sie so ansehen werden, zweitens mag er

怎麼思考我們的過去和未來？如果說發生了不愉快的事：——我們會問：「誰要負責？」我們會說：「有人必須為此負責。」——或者我們要說「那是神的意旨」、「那是命運」嗎？

提出一個問題，堅持一個答案，或者是不提出任何問題，兩者表現出不同的態度，不同的生活模式，**同樣的**，諸如「那是神的意旨」或者「我們不是命運的主人」之類的說法也是如此。諸如此類的句子的作用就像誡命一樣！人的自我惕勵也是如此。反之，「不怨天，不尤人」之類的誡命也可以說成一個真理的斷言。

◆

命運是和自然法則對立的。人會想要探究且應用自然法則，至於命運，他不會想要那麼做。

◆

我完全搞不清楚，我究竟是否想要別人接續我的工作，或者是寧可改變人們的生活方式，而使得所有這些問題都變成多餘的。（或許是因為如此，我才沒辦法建立任何學派。）

◆

哲學家說：「你要**這麼**看事情！」——然而第一，那並不是說人們都那麼看事情。第二，他的提醒可能太遲了，這個提醒也可能

überhaupt mit seiner Mahnung zu spät kommen, und es ist auch möglich, daß so eine Mahnung überhaupt nichts ausrichten kann und der Impuls zu dieser Änderung der Anschauung von anders wo kommen muß. So ist es ganz unklar, ob Bacon irgend etwas bewegt hat, außer die Oberfläche der Gemüter seiner Leser.

◆

Nichts kommt mir weniger wahrscheinlich vor, als daß ein Wissenschaftler, oder Mathematiker, der mich liest, dadurch in seiner Arbeitsweise ernstlich beeinflußt werden sollte. (In sofern sind meine Betrachtungen wie die Plakate an den Kartenschaltern der englischen Bahnhöfe "Is your journey really necessary?" Als ob Einer, der das liest, sich sagen würde "On second thoughts, *no*".) Hier muß man mit ganz anderen Geschützen kommen, als ich im Stande bin, in's Feld zu führen. Am ehesten könnte ich noch dadurch eine Wirkung erzielen, daß, vor allem, durch meine Anregung eine *große* Menge Dreck geschrieben wird, und daß *vielleicht* dieser die Anregung zu etwas Gutem wird. Ich dürfte immer nur auf die aller indirekteste Wirkung hoffen.

◆

Z.B. nichts dümmer, als das Geschwätz über Ursache und Wirkung in Büchern über Geschichte; nichts verkehrter, weniger durchdacht. - Aber wer könnte dem Einhalt tun, dadurch, daß er das *sagte?* (Es wäre, als wollte ich durch reden die Kleidung der Frauen und der Männer ändern.)

一無所獲，如果要促使人們改變他們看事情的方式，可能要另闢蹊徑。因此，我不知道培根除了讓讀者心旌搖曳以外，他還撼動了什麼東西。

◆

一個科學家或數學家讀了我的作品，我覺得根本不可能真正影響到他們的研究方式。（就此而論，我的思考就像是英國火車站裡張貼在售票處的海報：「你的旅行是真正必要的嗎？」彷彿有人看了以後會自言自語說：「回頭一想，的確是**不必要**。」）[55] 人們要載運到戰場的軍備和我所能提供的完全不同。我的作用僅止於刺激人們寫了**一大堆**廢物，而**或許**也刺激人們寫出一點好東西。我可以期望的頂多只是極為間接的影響。

◆

例如說，沒有比在歷史著作裡大談因果法則更愚蠢的事了；那是再歪曲而草率不過的事了。——然而光是這麼**說**，就可以指望阻止這種事嗎？（那就像是我想要憑著說三道四去改變女人和男人的穿著一樣。）

---

55 譯注：第二次世界大戰期間，英國鐵路局製作海報，提醒旅客在戰時盡量避免不必要的旅行，而讓軍人和軍備運輸優先使用。

♦

Denke dran, wie man von Labors Spiel gesagt hat "Er *spricht*". Wie eigentümlich! Was war es, was einen in diesem Spiel so an ein Sprechen gemahnt hat? Und wie merkwürdig, daß die Ähnlichkeit mit dem Sprechen nicht etwas uns Nebensächliches, sondern etwas Wichtiges und Großes ist! - Die Musik, und gewiß *manche* Musik, möchten wir eine Sprache nennen; *manche* Musik aber gewiß nicht. (Nicht, daß damit ein Werturteil gefällt sein muß!)

♦

Das Buch ist voller Leben - nicht wie ein Mensch, sondern wie ein Ameishaufen.

♦

Man vergißt immer wieder, auf den Grund zu gehen. Man setzt die Fragezeichen nicht *tief* genug.

♦

Die Wehen bei der Geburt neuer Begriffe.

♦

"Die Weisheit ist grau." Das Leben aber und die Religion sind farbenreich.

♦

Es könnte sein, daß die Wissenschaft und Industrie, und ihr Fortschritt, das Bleibendste der heutigen Welt ist. Daß jede Mutmaßung

　　想看看人們怎麼評論拉伯的演奏：「他在**訴說**著什麼。」真是怪事！他的演奏怎麼會讓人想到「說話」？而且我們不覺得它和說話的相似性不是無關緊要的事，而是重要大事，這太奇怪了！──我們都會想把音樂，或至少**特定的**音樂，稱為一種語言；**有些**音樂則不會。（我們並不一定因此就會落入種價值判斷。）

◆

　　書充滿生命──它不像是一個人，而是有如一處蟻丘。

◆

　　我們一再忘記了要追根究柢。我們的問號不夠**深入**。

◆

　　新概念誕生時的陣痛。

◆

　　「智慧是灰色的。」可是生命和宗教卻是五彩繽紛的。

◆

　　科學和工業，以及它們的進步，或許是現代世界最持久的事物。任何人猜想科學和工業會瓦解，不管是現在或**很久**以後，都只

eines Zusammenbruchs der Wissenschaft und Industrie einstweilen, und auf *lange* Zeit, ein bloßer Traum sei, und daß Wissenschaft und Industrie nach und mit unendlichem Jammer die Welt einigen werden, ich meine, sie zu *einem* zusammenfassen werden, in welchem dann freilich alles eher als der Friede wohnen wird.

Denn die Wissenschaft und die Industrie entscheiden doch die Kriege, oder so scheint es.

◆

Interessiere Dich nicht für das, was, vermeintlich, Du allein faßt!

◆

Der Kreis meiner Gedanken ist wahrscheinlich viel enger, als ich ahne.

◆

Die Gedanken steigen, langsam, wie Blasen an die Oberfläche. (Manchmal ist es, als sähe man einen Gedanken, eine Idee, als undeutlicher Punkt fern am Horizont; und dann kommt er oft mit überraschender Geschwindigkeit näher.)

◆

Wo schlechte Wirtschaft im Staat ist, wird, glaube ich, auch schlechte Wirtschaft in den Familien begünstigt. Der jederzeit zum Streike bereite Arbeiter wird auch seine Kinder nicht zur Ordnung erziehen.

是在作夢而已，也許科學和工業在造成了無盡的苦難以後，世界會因為這個苦難而被它們統一起來，我是說它被壓縮成**一個**東西，在其中當然不會有和平。

因為科學和工業決定了戰爭，或者是看似如此。

◆

不要在意那些你自以為只有你才懂的東西。

◆

我的思想圈子或許比我想的還要褊狹。

◆

思想會像泡沫一樣，慢慢浮到水面上。（有時候人們彷彿把一個思想，一個觀念，視為水平線上一個模糊的點；接著它往往會以驚人的速度逼近。）

◆

我相信一個國家的經濟不振，也會造成家庭的經濟拮据。一天到晚都想要罷工的工人也沒辦法教導他的孩子守秩序。

◆

Möge Gott dem Philosophen Einsicht geben in das, was vor allen Augen liegt.

◆

Das Leben ist wie ein Weg auf einer Bergschneide; rechts und links glitscherige Abhänge, auf denen Du in dieser, oder jener Richtung unaufhaltsam hinunterrutschst. Immer wieder sehe ich Menschen so rutschen und sage "Wie könnte sich ein Mensch da helfen!" Und *das* heißt: "den freien Willen leugnen". Das ist die Stellungnahme, die sich in diesem 'Glauben' ausdrückt. Er ist aber kein *wissenschaftlicher* Glaube, hat nichts mit wissenschaftlichen Überzeugungen zu tun.

◆

Die Verantwortung *leugnen*, heißt, den Menschen nicht zur Verantwortung *ziehen*.

◆

Manche Menschen haben einen Geschmack, der sich zu einem ausgebildeten verhält, wie der Gesichtseindruck eines halb blinden Auges zu dem eines normalen. Wo das normale Auge klare Artikulation sieht, sieht das schwache verwaschene Farbflecke.

◆

Wer zu viel weiß, für den ist es schwer nicht zu lügen.

◆

但願神讓哲學家看得見他眼前的東西。

◆

人生就像山脊上的一條小路，左邊和右邊都是滑坡，任何一邊都會向下滑落而停不下來。我一再地看到人們滑落，而我則是說：「一個人能怎麼自拔呀！」而**那**就意味著：「否認有自由意志。」那就是表現在這個「信念」裡的態度。然而那並不是**科學的**信念，也和科學的觀點無關。

◆

否認責任的意思是不**要求**人負責。

◆

有些人的品味之於有教養的品味，就像半盲眼睛的視覺印象之於正常眼睛的視覺印象。正常的眼睛可以看到清晰的肌理，而弱視的眼睛則只能看到模糊不清的色塊。

◆

但凡人知道太多，他就很難不說謊。

◆

Ich habe eine solche Angst davor, daß jemand im Hause Klavier spielt, daß ich, wenn es geschehen ist und das Klimpern aufgehört hat, noch eine Art Halluzination habe, als ginge es weiter. Ich kann es dann ganz deutlich hören, obwohl ich weiß, daß es nur in meiner Einbildung ist.

◆

Es kommt mir vor, als könne ein religiöser Glaube nur etwas wie das leidenschaftliche Sich-entscheiden für ein Bezugssystem sein. Also obgleich es *Glaube* ist, doch eine Art des Lebens, oder eine Art das Leben zu beurteilen. Ein leidenschaftliches Ergreifen *dieser* Auffassung. Und die Instruktion in einem religiösen Glauben müßte also die Darstellung, Beschreibung jenes Bezugssystems sein und zugleich ein in's-Gewissen-reden. Und diese beiden müßten am Schluß bewirken, daß der Instruierte selber, aus eigenem, jenes Bezugssystem leidenschaftlich erfaßt. Es wäre, als ließe mich jemand auf der einen Seite meine hoffnungslose Lage sehen, auf der andern stellte er mir das Rettungswerkzeug dar, bis ich, aus eigenem, oder doch jedenfalls nicht von dem *Instruktor* an der Hand geführt, auf das zustürzte und es ergriffe.

◆

Einmal wird vielleicht aus dieser Zivilisation eine Kultur entspringen.

Dann wird es eine wirkliche Geschichte der Erfindungen des 18.,

◆

　　我非常害怕有人在家裡彈鋼琴，以至於就算琴聲停止了，我還會有一種幻覺，以為繼續在彈奏。我聽得很清楚，儘管我知道那只是在我的想像裡。

◆

　　我覺得一個宗教信仰只會是熱情地決定一個座標系統。儘管它是個**信仰**，卻也是一種生活方式，一種評斷生活的方式。熱情地緊緊抓住**這個**觀點不放。所以說，一個宗教信仰裡的訓義應該是在表述和描寫那個座標系統，也是在說服人的良知。兩者都是要讓信徒主動而熱情地領會那個座標系統。那就像是有個人讓我一方面看到自己絕望的境況，另一方面則又對我展示拯救的工具，直到我主動地、或者無論如何不是在**導師**的引領下，奔向它並且抓著它不放。

◆

　　或許有一天，會從這個文明產生一個文化。

　　到那個時候，就會有一部關於十八、十九和二十世紀的發明

19. und 20. Jahrhunderts geben, die voll von tiefem Interesse sein wird.

◆

Wir sagen in einer wissenschaftlichen Untersuchung alles mögliche; machen viele Aussagen, deren Rolle in der Untersuchung wir nicht verstehen. Denn wir sagen ja nicht etwa alles mit einem bewußten Zweck, sondern unser Mund geht eben. Wir gehen durch herkömmliche Gedankenbewegungen, machen, automatisch, Gedankenübergänge gemäß den Techniken, die wir gelernt haben. Und nun müssen wir erst, was wir gesagt haben, sichten. Wir haben eine ganze Menge unnütze, ja zweckwidrige Bewegungen gemacht, müssen nun unsre Gedanken-bewegungen philosophisch klären.

◆

Mir scheint, ich bin noch weit von dem Verständnis dieser Dinge, nämlich von dem Punkt, wo ich weiß, worüber ich sprechen muß, und worüber ich nicht zu sprechen brauche. Ich verwickle mich immer noch in Einzelheiten, ohne zu wissen, ob ich über diese Dinge überhaupt reden sollte; und es kommt mir vor, daß ich vielleicht ein großes Gebiet begehe, nur um es einmal aus der Betrachtung auszuschließen. Auch in diesem Falle aber wären diese Betrachtungen nicht wertlos; wenn sie sich nämlich nicht etwa nur im Kreise herumbewegen.

史，那一定相當耐人尋味。

♦

在科學研究裡，我們談論所有可能的事物；我們提出許多說法，但是我們並不清楚它們在研究裡究竟扮演什麼角色。因為我們所說的一切，並不是基於有意識的目的，而只是快嘴快舌。我們沿襲傳統的思考活動，依據我們習得的技術，自動地穿梭在種種思想之間。現在我們必須檢視我們說過的話。我們做了一大堆沒有用的、不當的事，現在必須以哲學探究去釐清我們的思考活動。

♦ ＼

我覺得我還是搞不懂這些事，也就是認識到我知道什麼，什麼是我該說的，什麼是我不必說的。我一再糾結於若干枝微末節，不知道我到底該不該談這些事；我覺得我或許是在探索一個廣袤無垠的領域，到頭來卻對它置之不理。可是即便如此，這些思考也不見得是沒有價值的；只要它們不是僅僅在原地打轉而已。

1948

♦

Beim Philosophieren muß man in's alte Chaos hinabsteigen, und sich dort wohlfühlen.

♦

Genie ist das Talent, worin der Charakter sich ausspricht. Darum, möchte ich sagen, hatte Kraus Talent, ein außerordentliches Talent, aber nicht Genie. Es gibt freilich Genieblitze, bei denen man dann, trotz des *großen* Talenteinsatzes, das Talent nicht merkt. Beispiel: "Denn tun können auch die Ochsen und die Esel ...". Es ist merkwürdig, daß das z.B. so viel größer ist, als irgend etwas, was Kraus je geschrieben hat. Es ist hier eben nicht ein Verstandesskelett, sondern ein ganzer Mensch.

Das ist auch der Grund, warum die Größe dessen, was Einer schreibt, von allem Übrigen abhängt, was er schreibt und tut.

♦

Im Traum, und auch *lange* nach dem Erwachen, können uns Traumworte die höchste Bedeutung zu haben scheinen. Ist nicht die gleiche Illusion auch im Wachen möglich? Es kommt mir so vor, als unterläge *ich* ihr jetzt manchmal. Bei Verrückten scheint es oft so.

♦

Was ich hier schreibe, mag schwächliches Zeug sein; nun dann bin ich nicht im Stande, das Große, Wichtige herauszubringen. Aber es liegen

一九四八年

◆

　　在哲學思考裡，我們必須深入古老的混沌當中，並且在那裡感到優游自得。

◆

　　天才是讓性格和盤托出的才能。就此而論，我會說克勞斯有才華，是個才華出眾的人，但不是天才。天才當然會靈光一現，在那個當下，儘管我們投注了**大量**的才能，卻感覺不到它們的存在。舉例來說：「因為公牛和驢子也做得來……」[56]說也奇怪，它比克勞斯寫過的任何東西都要生動得多。這裡不只是一個知性架構而已，而是一個完整的人。

　　這也就是為什麼一個寫出來的東西是否大器，其實是取決於他的寫作和行為以外的其他事物。

◆

　　不管是在夢裡或是醒來**很久**以後，夢話似乎對於我們都可能極具意義。即便是清醒的時候，不也可能會有同樣的幻覺嗎？我覺得現在**我**有時候也會陷入其中。瘋狂的人往往看似如此。

◆

　　我在這裡所寫的，或許是蒼白無力的胡言亂語；就此而言，我沒有能力寫下什麼偉大的、重要的東西。但是在這些蒼白無力的評

---

56 譯注：Georg Christoph Lichtenberg, *Timorus*, Vorrede, 1771。「因為公牛和驢子也做得來，可是眼下只有人類可以擔保做得好。」

in diesen schwächlichen Bemerkungen große Ausblicke verborgen.

◆

Schiller schreibt in einem Brief (ich glaube an Goethe) von einer "poetischen Stimmung". Ich glaube, ich weiß, was er meint, ich glaube sie selbst zu kennen. Es ist die Stimmung, in welcher man für die Natur empfänglich ist und in welcher die Gedanken so lebhaft erscheinen, wie die Natur. Merkwürdig ist aber, daß Schiller nicht besseres hervorgebracht hat (oder so scheint es mir) und ich bin daher auch gar nicht sicher überzeugt, daß, was *ich* in solcher Stimmung hervorbringe, wirklich etwas wert ist. Es ist wohl möglich, daß meine Gedanken ihren Glanz dann nur von einem Licht, das *hinter* ihnen steht, empfangen. Daß sie nicht *selbst* leuchten.

◆

Wo Andre weitergehn, dort bleib ich stehn.

◆

[Zum Vorwort.] Nicht ohne Widerstreben übergebe ich das Buch zur Öffentlichkeit. Die Hände, in die es geraten wird, sind zumeist nicht diejenigen, in denen ich es mir gerne vorstelle. Möge es - das wünsche ich ihm - bald gänzlich von den philosophischen Journalisten vergessen werden, und so vielleicht einer bessern Art von Lesern aufbewahrt bleiben.

Von den Sätzen, die ich hier niederschreibe, macht immer nur jeder so und so vielte einen Fortschritt; die andern sind wie das Klappen der

論底下其實埋藏著許多美不勝收的展望。

◆

席勒在一封信裡（我相信是寫給歌德的信）談到一種「詩興」。我想我知道他所指為何，我相信自己也認識到這點。那是對於大自然的感懷情致，在其中，人的思想和大自然一樣躍然紙上。可是說也奇怪，席勒創作的東西並沒有優秀到哪裡去（或者只是我的感覺而已），因而我一點也不確定**我**在這種情致下創作的東西是否真的有價值。當時我的思想的光輝有可能只是來自於它**背後**的一道光。我的思想**自己**並不會發光。

◆

別人離開某個地方往前走，而我駐足在原地。

◆

（前言草稿。）我心不甘情不願地出版了我這本書。它會落入大部分是我不願意想像的那些人們的手裡。但願——這是我的願望——哲學期刊很快就完全忘記它，對於讀者而言，這或許是更好的保存方式。

我在這裡寫下的句子，總是只有一、兩句略有進步；其他的就像是理髮師剪刀的喀擦作響；他必須不停地移動，才能在正確的時

Schere des Haarschneiders, der sie in Bewegung erhalten muß, um mit ihr im rechten Moment einen Schnitt zu machen.

◆

Sowie ich auf entlegeneren Gebieten fortwährend Fragen antreffe, die ich nicht beantworten kann, wird es verständlich, warum ich mich in weniger entlegenen noch nicht auskenne. Denn wie weiß ich, daß, was hier die Antwort aufhält, nicht eben das ist, was dort mich hindert, den Nebel zu zerstreuen?

◆

Rosinen mögen das Beste an einem Kuchen sein; aber ein Sack Rosinen ist nicht besser als ein Kuchen; und wer im Stande ist, uns einen Sack voll Rosinen zu geben, kann damit noch keinen Kuchen backen, geschweige, daß er etwas besseres kann. Ich denke an Kraus und seine Aphorismen, aber auch an mich selbst und meine philosophischen Bemerkungen.

Ein Kuchen, das ist nicht gleichsam: verdünnte Rosinen.

◆

Farben regen zum Philosophieren an. Vielleicht erklärt das die Leidenschaft Goethes für die Farbenlehre.

◆

Die Farben scheinen uns ein Rätsel aufzugeben, ein Rätsel, das uns anregt - nicht aufregt.

機剪下一刀。

◆

只要我在八荒九垓之處不斷遇見那些我無法回答的問題，我就明白了我為什麼在沒有那麼偏遠的地方顯得拙於應付。因為我怎麼知道在這裡妨礙我找尋答案的，到了那裡會不會也同樣阻礙我撥開迷霧呢？

◆

葡萄乾或許是一塊蛋糕上面畫龍點睛的部分；可是一整袋葡萄乾就沒有比一塊蛋糕好到哪裡去；人們就算有辦法給我們一整袋葡萄乾，他也不一定會烤蛋糕，更不用說做出更好的東西了。我想起了克勞斯和他的格言，也想到了我自己的哲學評論。

一塊蛋糕，它並不等於變得鬆軟的葡萄乾。

◆

顏色會激發人的哲學思考。這或許說明了歌德為什麼如此熱中於色彩學。

◆

色彩對我們訴說一個謎題，一個激勵我們的謎題——但是不會讓人擾動不安。

◆

Der Mensch kann alles Schlechte in sich als Verblendung ansehen.

◆

Wenn es wahr ist, wie ich glaube, daß Mahlers Musik nichts wert ist, dann ist die Frage, was er, meines Erachtens, mit seinem Talent hätte tun sollen. Denn ganz offenbar gehörten doch *eine Reihe sehr seltener Talente* dazu, diese schlechte Musik zu machen. Hätte er z.B. seine Symphonien schreiben und verbrennen sollen? Oder hätte er sich Gewalt antun, und sie nicht schreiben sollen? Hätte er sie schreiben, und einsehen sollen, daß sie nichts wert seien? Aber wie hätte er das einsehen können? Ich sehe es, weil ich seine Musik mit der der großen Komponisten vergleichen kann. Aber *er* konnte das nicht; denn, wem das eingefallen ist, der mag wohl gegen den Wert des Produkts *mißtrauisch* sein, weil er ja wohl sieht, daß er nicht, sozusagen, die Natur der andern großen Komponisten habe, - aber die Wertlosigkeit wird er deswegen nicht einsehen; denn er kann sich immer sagen, daß er zwar *anders* ist, als die übrigen (die er aber bewundert), aber in einer andern Art wertvoll. Man könnte vielleicht sagen: Wenn Keiner, den Du bewunderst, so ist wie Du, dann glaubst Du wohl nur darum an Deinen Wert, weil *Du's* bist. - Sogar wer gegen die Eitelkeit kämpft, aber darin nicht ganz erfolgreich ist, wird sich immer über den Wert seines Produkts täuschen.

Am gefährlichsten aber scheint es zu sein, wenn man seine Arbeit

◆

人可以把心裡所有的壞念頭都視為障翳。

◆

假使馬勒的音樂真的如我所認為的那麼不值一哂，以我看來，問題就在於他已經江郎才盡了。因為人要有**許多相當罕見的才能**，才有辦法寫出這麼拙劣的音樂。舉例來說，他會不會寫了交響曲而又把它燒掉了呢？他會不會強迫自己不要寫交響曲呢？他會不會寫了交響曲而又很清楚它一文不值呢？但是他怎麼有辦法看到這點呢？我看得到，因為我可以把他的音樂拿來和其他偉大的作曲家做個比較。但是**他**沒辦法，但凡有人想到要那麼做，他就會對作品的價值產生懷疑，因為他會看到自己並不擁有其他偉大的作曲家所謂的天性——可是他不會看到自己作品的**一文不值**，因為他總是會對自己說，儘管他**不同於**其他人（他衷心讚嘆的作曲家），可是他的作品有另一種價值。或許我們可以說：如果你欣賞的人都和你不一樣，那麼你就應該只相信你自己的價值，因為**你就是你**。——就算是極力抗拒虛榮感的人（即使不是很成功），在其作品的價值方面，他也會不斷地欺騙自己。

但是自己的作品不管是被自己或別人拿來和前人的偉大作品作

irgendwie in die Stellung bringt, wo sie, zuerst von einem selbst und dann von Andern mit den alten großen Werken verglichen wird. An solchen Vergleich sollte man gar nicht denken. Denn wenn die Umstände heute wirklich so anders sind, als die frühern, daß man sein Werk der *Art* nach nicht mit den früheren Werken vergleichen kann, dann kann man auch den *Wert* nicht mit dem eines andern vergleichen. Ich selbst mache immer wieder den Fehler, von dem hier die Rede ist.

♦

Konglomerat: Nationalgefühl, z.B.

♦

Tiere kommen auf den Zuruf ihres Namens. Ganz wie Menschen.

♦

Ich frage unzählige irrelevante Fragen. Möge ich durch diesen Wald mich durchschlagen können!

♦

Ich möchte eigentlich durch meine häufigen Interpunktionszeichen das Tempo des Lesens verzögern. Denn ich möchte langsam gelesen werden. (Wie ich selbst lese.)

♦

Ich glaube, Bacon ist in seiner Philosophie stecken geblieben, und diese Gefahr droht auch mir. Er hatte eine lebhafte Vorstellung eines riesigen Gebäudes, sie entschwand ihm aber doch, wenn er wirklich in's

比較，那顯然是極其危險的事。我們完全沒辦法想像這樣的比較。因為如果說現在的環境和以往大不相同，使得我們的作品無法就其**類別**和以前的作品作比較，那麼我們也沒辦法比較其**價值**。我自己也屢屢犯了這裡所說的錯誤。

◆

混合物：例如說，民族情感。

◆

動物聽到人們呼喚牠們的名字就會跑過來。就像人類一樣。

◆

我提出了無數個無關緊要的問題。但願我可以穿越這個叢林！

◆

我真的想要以我的大量標點符號減緩閱讀的節奏。因為我想要讓人們慢慢讀我。（就像我讀我自己一樣。）

◆

我覺得培根被困在他自己的哲學泥淖裡，而我也有這個危險。他活靈活現地想像一棟巨大的建築，可是當他想要真正深入探究細部構造時，它卻憑空消失了。彷彿當時的人早就從地基開始建造一

Einzelne gehen wollte. Es war, als hätten Menschen seiner Zeit begonnen, ein großes Gebäude von den Fundamenten aufzuführen; und als hätte er in der Phantasie so etwas Ähnliches, die Erscheinung solches Gebäudes, gesehen, sie noch stolzer gesehen, als die vielleicht, die am Bau arbeiteten. Dazu war eine *Ahnung* der Methode nötig, aber durchaus nicht Talent zum Bauen. Das Schlimme aber war, daß er polemisch gegen die eigentlichen Bauleute vorging und *seine* Grenzen entweder nicht kannte, oder nicht erkennen wollte.

Anderseits ist es aber ungeheuer schwierig diese Grenzen zu sehen, und d.h. klar darzustellen. Also, sozusagen, eine Malweise aufzufinden, dieses Unklare darzustellen. Denn ich möchte mir immer sagen: "Mal wirklich nur, was Du siehst!"

◆

Der Traum wird bei der Freudschen Analyse sozusagen zersetzt. Er verliert seinen ersten Sinn *völlig*. Man könnte sich denken, daß er auf dem Theater gespielt würde, daß die Handlung des Stücks manchmal etwas unverständlich, aber zum Teil auch ganz verständlich wäre, oder doch uns schiene, und als würde nun diese Handlung in kleine Teile zerrissen und jedem Teil ein gänzlich andrer Sinn gegeben. Man könnte es sich auch so denken: Es wird auf ein großes Blatt Papier ein Bild gezeichnet und das Blatt nun solcher Art gefältelt, daß im ersten Bild ganz unzusammenhörige Stücke fürs Auge aneinander stoßen und ein

棟大樓；彷彿他在想像裡也看到了類似的大樓形象，比建造者眼裡的大樓更加氣勢磅礴。為此，他必須對於建築工法**略知一二**。但是完全不必具備建築的能力。但是壞就壞在他和真正的建築師針鋒相對，不知道或者是不想知道**自己的**界限。

然而其實人們很難看到這些界限，也難以清楚描述它們。也就是找到一種表現這種錯綜複雜的事物的描繪方式。因為我想要不斷地對自己說：「你要真的只描繪你看到的事物！」

◆

在佛洛伊德的心理分析裡，夢可以說是被拆解開來。它**完全**喪失了原本的意義。我們可以把它想像成在劇場上演出，戲劇情節有時候讓人摸不著頭緒，有些部分則完全可以心領神會，或者是看似如此，現在這個情節被拆解成許多部分，每個部分都被賦予完全不同的意義。我們也可以想像說：他在一大張紙上畫了一個圖像，接著把它摺起來，原本圖像裡沒有關聯的部分，現在看起來都接在一起，形成了一個新的圖像，不管是有意義或是沒有意義（就是所謂顯性的夢境，而原本的圖像則是「隱性的夢境」）。

neues, sinnvolles oder sinnloses, Bild entsteht (dies wäre der geträumte Traum, das erste Bild der 'latente Traumgedanke').

Ich könnte mir nun denken, daß Einer, der das entfaltete Bild sieht, ausriefe "Ja, das ist die Lösung, das ist, was ich geträumt habe, aber ohne Lücken und Entstellungen". Es wäre dann eben diese Anerkennung, die die Lösung zur Lösung machte. Sowie, wenn Du beim Schreiben ein Wort suchst und nun sagst: *"Das* ist es, *das* sagt, was ich wollte!"* - Deine Anerkennung das Wort zum gefundenen, also gesuchten stempelt. (Hier könnte man wirklich sagen: erst wenn man gefunden hat, wisse man, was man gesucht hat - ähnlich wie Russell über das Wünschen redet.)

Was am Traum intrigiert, ist nicht sein *kausaler* Zusammenhang mit Geschehnissen meines Lebens, etc., sondern eher dies, daß er wie ein Teil einer Geschichte wirkt, und zwar ein sehr *lebendiger*, wovon der Rest im Dunkeln liegt. (Man möchte fragen: "Woher kam diese Gestalt nun, und was ist aus ihr geworden?") Ja, auch wenn mir Einer nun zeigt, daß diese Geschichte gar keine richtige Geschichte war; daß in Wirklichkeit eine ganz andere ihr zugrunde lag, so daß ich enttäuscht ausrufen möchte "Ach, so war es?", so ist hier doch scheinbar etwas gestohlen worden. Freilich, die erste Geschichte zerfällt nun, wie sich das Papier auseinanderfaltet; der Mann, den ich sah, war von *da* genommen, seine Worte von *dort*, die Umgebung im Traume wieder von wo anders; aber

現在我可以想像，假使一個人看到摺疊起來的圖像，應該會驚呼說：「就是它，這就是我夢見的解答，而且沒有漏洞和扭曲變形。」於是，這個認可使得解答變成了解答。就像你寫作時在尋找一個詞，接著說：「就是**它，這**就是我要說的！」你的認可證實了那就是你尋尋覓覓的字，現在你找到了。（我們在這裡其實可以說：直到我們找到了它，我們才知道自己在找什麼——類似於羅素關於願望的說法。）[57]

夢境引人入勝的地方，並不在於它和我的人生際遇之類的**因果**關係，而是在於它看似一個故事的一部分，而且是相當**熱鬧**的部分，至於其他部分則是隱藏在暗處。（或許有人會問：「這些形象是打哪裡來的？它會變成什麼模樣？」）的確，如果有人對我證明說，這個故事根本不是真正的故事；它事實上是以其他故事為藍本的，而使得我失望地驚呼：「啊，真的嗎？」，我會覺得宛如被偷走了什麼東西似的。當然，就像攤開那張紙一樣，原本的故事也會被拆解開來；我看到的人，是從**那裡**移花接木來的，他說的話也是來自**那裡**，夢裡的環境也是源自另一個地方；可是夢境的故事依舊有其魅力，就像一幅畫一樣，它吸引我們，讓我們有所領悟。

---

57 譯注：Bertrand Russell, *The Philosophy of Logic Atomism*, 1919, pp. 37-42。

die Traumgeschichte hat dennoch ihren eigenen Reiz, wie ein Gemälde, das uns anzieht und inspiriert.

Man kann nun freilich sagen, daß wir das Traumbild inspiriert *betrachten*, daß wir eben inspiriert *sind*. Denn, wenn wir einem Andern unsern Traum erzählen, so inspiriert ihn das Bild meistens nicht. Der Traum berührt uns wie eine entwicklungsschwangere Idee.

Circa 1947-1948

♦

Architektur verewigt und verherrlicht etwas. Darum kann es Architektur nicht geben, wo nichts zu verherrlichen ist.

1948

♦

Schlage Geld aus jedem Fehler.

♦

Das Verstehen und die Erklärung einer musikalischen Phrase. - Die einfachste Erklärung ist manchmal eine Geste; eine andere wäre etwa ein Tanzschritt, oder Worte, die einen Tanz beschreiben. - Aber ist denn nicht das Verstehen der Phrase ein Erlebnis, während wir sie hören? Und

我們當然可以說，我們若有所悟地**思考**夢境的意象，它**使**我們有所領悟。因為如果我們對別人訴說我們的夢境，他們大多沒什麼感覺。夢境就像蘊含著種種演變的觀念一樣使我們感動。

約一九四七年至一九四八年

◆

建築使得事物成為不朽並且榮耀它。因此，如果沒有值得歌頌的東西，那就不會有建築。

一九四八年

◆

用每個錯誤鑄造出一枚硬幣。

◆

理解和解釋一段樂句。——有時候，一個姿勢就是最簡單的解釋；有時候則是一個舞步，或者是描寫一段舞蹈的語詞。——可是理解一段樂句難道不就是我們在聆聽時的體驗嗎？那麼解釋又是在做什麼？我們在聆聽音樂的時候應該想到那些解釋嗎？我們在聆

was tut nun die Erklärung? Sollen wir an sie denken, während wir die Musik hören? Sollen wir uns den Tanz, oder was immer es ist, dabei vorstellen? Und wenn wir's tun, - warum soll man *das* ein verständnisvolles Hören der Musik nennen?? Kommt's auf's Sehen des Tanzes an, so wäre es ja besser, *er* würde vorgeführt, statt der Musik. Alles das aber ist ein *Miß*verständnis.

Ich gebe Einem eine Erklärung, sage ihm "Es ist wie wenn ..."; nun sagt er "Ja, jetzt verstehe ich's" oder "Ja, jetzt weiß ich, wie es zu spielen ist". Vor allem mußte er ja die Erklärung nicht *annehmen*; es ist ja nicht, als hätte ich ihm sozusagen überzeugende Gründe dafür gegeben, daß diese Stelle vergleichbar ist dem und dem. Ich erkläre ihm ja, z.B., nicht ⟨aus⟩ Äußerungen des Komponisten, diese Stelle habe das und das darzustellen.

Wenn ich nun frage "Was erlebe ich denn eigentlich, wenn ich dies Thema höre und mit Verständnis höre?" - so kommen mir nichts als Plattheiten in den Kopf zur Antwort. So etwas wie Vorstellungen, Bewegungsempfindungen, Erinnerungen u.dergl.

Ich sage freilich "Ich gehe mit" - aber was heißt das? Es *könnte* so etwas heißen wie: ich begleite die Musik mit Gebärden. Und wenn man darauf hinweist, daß das doch meistens nur in sehr rudimentärem Maße vor sich geht, erhält man etwa die Antwort, die rudimentären Bewegungen werden durch Vorstellungen ergänzt. Aber nehmen wir

聽的時候應該想像舞蹈之類的東西嗎？假設我們真的那麼做——我們為什麼把**它**叫作心領神會地聆聽音樂？如果重點在於舞蹈的觀看，那麼**舞蹈表演**不是勝於音樂的演出嗎？然而這一切都是個**誤**解。

我對一個人解釋說：「那就像是……」接著他說：「是的，現在我明白了。」或者說：「是的，現在我明白了它是要怎麼演奏的。」重要的是他不見得要**接受**我的解釋；我並沒提出充足的理由說這個段落可以和其他哪個段落作比較。我並不是依據作曲家所說的話對他解釋這個樂節是要表現什麼。

如果我問說：「當我聽到這個主題並且心領神會地聆聽它，我究竟會體驗到什麼呢？」——那麼我只會想到陳腔濫調的答案。意象、律動感、回憶之類的。

我當然會說：「我會產生共鳴。」——然而那是什麼意思？那**或許**意味著：我隨著音樂款款搖擺。而如果我們說那大多只是相當粗淺的動作，對方可能會反駁說這些粗淺的動作其實意蘊無窮。可是如果我們假設一個人隨著音樂盡情搖擺——那麼就可以說這是對於音樂的賞析嗎？我會說這些動作就是賞析，或者是他的律動感

doch an, es begleite Einer die Musik in vollem Maße durch Bewegungen, - inwiefern ist *das* ihr Verständnis? Und will ich sagen, die Bewegungen seien das Verstehen; oder seine Bewegungsempfindungen? (Was weiß ich von denen?) - Wahr ist, daß ich seine Bewegungen, unter Umständen, als Zeichen seines Verständnisses ansehen werde.

Soll ich aber (wenn ich Vorstellungen, Bewegungsempfindungen, etc. als Erklärung zurückweise) sagen, es sei eben das Verstehen ein spezifisches, nicht weiter analysierbares Erlebnis? Nun, das ginge an, wenn es nicht heißen soll: es sei ein spezifischer *Erlebnisinhalt*. Denn bei *diesen* Worten denkt man eigentlich an Unterschiede wie die zwischen Sehen, Hören und Riechen.

Wie erklärt man denn Einem, was es heißt "Musik verstehen"? Indem man ihm die Vorstellungen, Bewegungsempfindungen, etc. nennt, die der Verstehende hat? *Eher noch*, indem man ihm die Ausdrucksbewegungen des Verstehenden zeigt. - Ja, die Frage ist auch, welche Funktion hat das Erklären hier? Und was heißt es: verstehen, was es heißt, Musik zu verstehen? Mancher würde ja sagen: das zu verstehen heiße: selbst Musik zu verstehen. Und die Frage wäre also "Kann man Einen denn lehren, Musik zu verstehen?", denn nur so ein Unterricht wäre eine Erklärung der Musik zu nennen.

Das Verständnis der Musik hat einen gewissen *Ausdruck*, sowohl während des Hörens und Spielens, als auch zu andern Zeiten. Zu diesem

嗎？（我對它的認識有多深呢？）──在某些情況下，我的確把他的動作視為他用以表示理解的記號。

　　然而我應該說（如果我不把意象、律動感之類的視為解釋的話），理解就是一種特別的、無法深入分析的體驗嗎？如果那不是指它是個特定的**體驗內容**的話，那倒沒什麼不可以。因為**這些**語詞會讓人想起諸如視覺、聽覺和嗅覺之間的差別。

　　那麼我們如何對一個人解釋「音樂賞析」是什麼意思呢？對他列舉一個賞析者經驗到的意象、律動感之類的嗎？那**更像是**在對他說明一個賞析者會有哪些表現的動作。──是的，問題應該是，這個解釋有哪些功能？而理解「音樂賞析」所指為何，那究竟是什麼意思？有些人肯定會說：理解這點的意思就是：賞析音樂本身。那麼問題就成了「我們可以教一個人如何賞析音樂嗎？」，唯有這樣的教學才可以說是在解釋音樂。

　　關於音樂賞析有個**表現方式**，不管是在聆聽和演奏或是其他時候。有時候種種動作也屬於這種表現方式，然而有時候則只是在於

Ausdruck gehören manchmal Bewegungen, manchmal aber nur, wie der Verstehende das Stück spielt, oder summt, auch hier und da Vergleiche, die er zieht, und Vorstellungen, die die Musik gleichsam illustrieren. Wer Musik versteht, wird anders (mit anderem Gesichtsausdruck, z.B.) zuhören, reden, als der es nicht versteht. Sein Verständnis eines Themas wird sich aber nicht nur in Phänomenen zeigen, die das Hören oder Spielen dieses Themas begleiten, sondern in einem Verständnis für Musik im allgemeinen.

Das Verständnis der Musik ist eine Lebensäußerung des Menschen. Wie wäre sie Einem zu beschreiben? Nun, vor allem müßte man wohl die *Musik* beschreiben. Dann könnte man beschreiben, wie sich Menschen zu ihr verhalten. Aber ist das alles, was dazu nötig ist, oder gehört dazu, daß wir ihm selbst Verständnis beibringen? Nun, ihm Verständnis beibringen wird ihm in *anderem* Sinne lehren, was Verständnis ist, als eine Erklärung, die dies nicht tut. Ja auch, ihm Verständnis für Gedichte oder Malerei beibringen, kann zur Erklärung dessen gehören, was Verständnis für Musik sei.

♦

Unsre Kinder lernen schon in der Schule, Wasser *bestehe* aus den Gasen Wasserstoff und Sauerstoff, oder Zucker aus Kohlenstoff, Wasserstoff und Sauerstoff. Wer es nicht versteht ist dumm. Die wichtigsten Fragen werden zugedeckt.

理解的人如何演奏或哼唱樂曲，或者是信手拈來的種種比較，以及他用以描繪音樂的意象。懂音樂的人聆聽和談論音樂的方式（例如說不同的臉部表情），其實不同於不懂音樂的人。然他對於主題的賞析不僅表現在伴隨著主題的聆聽或演奏的種種現象，也表現在對於音樂的一般性理解。

音樂賞析是人的一種生命表現。我們要怎麼對一個人描述它？我們首先應該要描述**音樂**。其次是描述人們對於音樂的態度。然而這一切是我們有必要做的，或者是要教導他怎麼賞析？教導他怎麼賞析，以及為不懂的人解釋它，就「教導人賞析是什麼」而言，兩者的意義是**不同的**。再者，教導他如何賞析詩或是繪畫，也有助於為他解釋什麼是音樂賞析。

◆

我們的孩子在學校就學到了水是由氫和氧**組成**的，或者糖是由碳、氫和氧組成的。只有笨蛋才不知道。然而最重要的問題卻被遮蔽了。

♦

Die Schönheit einer Sternfigur - eines Sechseck-Sterns etwa - wird beeinträchtigt, wenn man sie symmetrisch bezüglich einer bestimmten Achse sieht.

♦

Bach hat gesagt, er habe alles nur durch Fleiß geleistet. Aber ein solcher Fleiß setzt eben Demut und eine ungeheure Leidensfähigkeit, also Kraft, voraus. Und wer sich dann vollkommen ausdrücken kann, spricht eben zu uns die Sprache eines großen Menschen.

♦

Ich glaube, daß die Erziehung der Menschen heute dahingeht, die Leidensfähigkeit zu verringern. Eine Schule gilt heute für gut, 'if the children have a good time'. Und das war früher *nicht* der Maßstab. Und die Eltern möchten, daß die Kinder werden, wie sie selbst sind (only more so) und doch lassen sie sie durch eine Erziehung gehen, die von der ihren *ganz* verschieden ist. - Auf die Leidensfähigkeit gibt man nichts, denn Leiden soll es nicht geben, sie sind eigentlich veraltet.

♦

"Die Tücke des Objekts." - Ein unnötiger Anthropomorphismus. Man könnte von einer Tücke der *Welt* reden; sich leicht vorstellen, der Teufel habe die Welt geschaffen, oder einen Teil von ihr. Und es ist *nicht* nötig, ein Eingreifen des Dämons von Fall zu Fall sich vorzustellen; es

◆

　一個星形的美——六芒星之類的，如果我們就一個特定的中軸對稱性地觀看它，就會損害它的美。

◆

　巴哈說，他的所有成就都只是憑著勤奮掙來的。可是這個勤奮預設了謙卑以及吃苦耐勞的強大能力，也就是力量。而如果這樣的人剛好有辦法完美地表現自我，那麼他也會以一個偉人的語言對我們傾訴。

◆

　我覺得現在人們被教育成吃不了苦。現在的學校「只要讓孩子開心」，就被認為是一所好學校。以前根本**沒有**這種評量標準。而父母親想要孩子長大像他們一樣（或者是青出於藍），卻要孩子接受**完全**不同於以前自己接受的教育。——人們不重視吃苦耐勞，因為現在的人不必吃苦了，那其實已經過時了。

◆

　「事物的陰險狡詐。」[58]——一個不必要的擬人法。我們可以說世事險惡；我們也許會想像魔鬼創造了**世界**，或者是其中一部分的世界。而且我們**沒有**必要想像惡靈隨時都會侵入；萬事萬物的運作都會「對應於自然律」；只不過整個計畫一開始就是基於惡意。

58　譯注：語出：Friedrich Theodor Vischer, *Auch Einer. Eine Reisebekanntschaft*, 1879。小說中一個角色到處找不到他的眼鏡，大罵它是「惡棍」、「小鬼」，感慨有什麼辦法可以避免「事物的陰險狡詐」。

kann alles 'den Naturgesetzen entsprechend' vor sich gehen; es ist dann eben der ganze Plan von vornherein auf's Schlimme angelegt. Der Mensch aber befindet sich in dieser Welt, in der die Dinge zerbrechen, rutschen, alles mögliche Unheil anstiften. Und er ist natürlich eins von den Dingen. - Die 'Tücke' des Objekts ist ein dummer Anthropomorphismus. Denn die Wahrheit ist viel ernster als diese Fiktion.

◆

Ein stilistischer Behelf mag praktisch sein, und mir doch verboten. Das Schopenhauer'sche "als welcher" z.B. Es würde den Ausdruck manchmal bequemer, deutlicher, machen, kann aber nicht von dem gebraucht werden, der es als altväterisch empfindet; und er darf sich nicht über diese Empfindung hinwegsetzen.

◆

Religiöser Glaube und Aberglaube sind ganz verschieden. Der eine entspringt aus *Furcht* und ist eine Art falscher Wissenschaft. Der andre ist ein Vertraun.

◆

Es wäre beinahe seltsam, wenn es nicht Tiere mit dem Seelenleben von Pflanzen gäbe. D.h., mit dem mangelnden Seelenleben.

◆

Als ein Grundgesetz der Naturgeschichte könnte man es, glaube ich, betrachten, daß, wo immer etwas in der Natur 'eine Funktion hat',

然而在我們所處的世界裡，事物破碎塌陷，導致種種可能的災難。而人當然也是事物其中之一。——事物的「陰險狡詐」是個笨拙的擬人法。因為真相比這個虛構要嚴重得多。

◆

一個修辭手法也許很有用，可是我卻被禁止使用。例如叔本華的「作為……」。有時候它可以讓表達更方便、更清楚，可是如果人們覺得太老氣橫秋，那就沒辦法使用它；而且他也不可以不把這個感覺當一回事。

◆

宗教信仰和迷信完全是兩回事。其中之一源自**恐懼**，是一種為科學。而另一個則是一種信賴。

◆

假如不存在著擁有植物心理世界的動物，那會是相當奇怪的事。也就是貧乏的心理世界。

◆

我相信我們可以把以下的現象視為自然史的一個基本定律，那就是大自然裡有些事物「擁有某種功能」、「實現某個目的」，這些

'einen Zweck erfüllt', dieses selbe auch vorkommt, wo es keinen erfüllt, ja 'unzweckdienlich' ist.

Erhalten die Träume manchmal den Schlaf, so kannst Du darauf rechnen, daß sie ihn manchmal stören; erfüllt die Traumhalluzination manchmal einen *plausiblen* Zweck (der eingebildeten Wunscherfüllung), so rechne darauf, daß sie auch das Gegenteil tut. Eine 'dynamische Theorie der Träume' gibt es nicht.

♦

Worin liegt die Wichtigkeit des genauen Ausmalens von Anomalien? Kann man es nicht, so zeigt das, daß man sich in den Begriffen nicht auskennt.

♦

Ich bin zu weich, zu schwach, und darum zu faul, um Bedeutendes zu leisten. Der Fleiß der Großen ist, unter andrem, ein Zeichen ihrer *Kraft*, abgesehen auch von ihrem inneren Reichtum.

♦

Wenn Gott wirklich die zu errettenden Menschen *wählt*, dann ist kein Grund, warum er sie nicht nach Nationen, Rassen, oder Temperamenten wählen soll. Warum die Wahl nicht in den Naturgesetzen ihren Ausdruck haben soll. (Er *konnte* ja auch so wählen, daß die Wahl einem Gesetz folgt.)

Ich habe Auszüge aus den Schriften von St. John of the Cross

事物在某些情況下則並沒有要實現任何目的，是「不實用的」。

　　如果說夢境讓人維持睡眠狀態，那麼你也可以指望它有時候會干擾睡眠；夢的幻覺有時候會滿足一個**合理的**目的（虛構性的願望實現），而你也可以預料它會造成反效果。其實並沒有什麼「夢的動力論」。[59]

◆

　　精確地描寫種種例外現象的重要性在哪裡？如果人們做不到，那意味著他並不熟悉那些概念。

◆

　　我太軟心腸、太懦弱，因而也太疏懶了，而沒辦法成就大事。偉人們的夙夜匪懈是展現其**力量**的記號，撇開他們內心的財富不說。

◆

　　如果神真的要**揀選**祂要拯救的人，祂沒有理由不依據民族、人種或氣質去揀選。這個揀選為什麼不應該表現在自然法則上面。（祂當然也**可以**選擇依據一個法則加以揀選。）

　　我在聖十字若望的文集裡讀到說，人們會掉落到坑裡，因為他

---

59 譯注：指佛洛伊德的理論。

gelesen, Leute seien zu Grunde gegangen, weil sie nicht das Glück hatten, im richtigen Moment einen weisen geistlichen Führer zu finden.

Und wie kann man dann sagen, Gott versuche den Menschen nicht über seine Kräfte?

Ich bin hier zwar geneigt, zu sagen, daß schiefe Begriffe viel Unheil angerichtet haben, aber die Wahrheit ist, daß ich gar *nicht weiß*, was Heil und was Unheil anstiftet.

◆

Wir dürfen nicht vergessen: auch unsere feineren, mehr philosophischen Bedenken haben eine instinktive Grundlage. Z.B. das 'Man kann nie wissen ...' Das Zugänglichbleiben für weitere Argumente. Leute, denen man das nicht beibringen könnte, kämen uns geistig minderwertig vor. *Noch* unfähig einen gewissen Begriff zu bilden.

◆

Wenn Nachtträume eine ähnliche Funktion haben, wie Tagträume, so dienen sie zum Teil dazu, den Menschen auf *jede* Möglichkeit (auch die schlimmste) vorbereiten.

◆

Wenn Einer mit voller Sicherheit an Gott glauben kann, warum dann nicht an der Andern Seele?

◆

Diese musikalische Phrase ist für mich eine Gebärde. Sie schleicht

們不幸沒有在正確的時機找到一個有智慧的神師。[60]

那麼，我們怎麼可以說神沒有引誘人類踰越其力量的限度呢？

固然我會想要說，扭曲的概念會招致許多災禍，然而真相是，我根本**不知道**什麼會導致拯救，什麼會導致災禍。

◆

我們不要忘了：我們的哲學思考再怎麼細膩，都有個直覺的基礎。例如說：「我們絕對無法知道……」這句話當然有進一步辯論的空間。舉一隅不以三隅反的人，我們會覺得他們智力不足。他們**還**沒有辦法形成某些概念。

◆

如果說睡眠時的夢和白日夢的功能很類似，那麼它們的目的有一部分是讓人們為**任何**可能性作準備（即使是最壞的情況）。

◆

如果說一個人完全確定地相信神，那麼他為什麼無法確定地相信他心的存在呢？

◆

對我而言，這個樂句是一個姿勢。它潛入我的生命裡。我把它

---

60 譯注：Saint John of the Cross, *The Ascent of Mount Carmel*, in: *The Complete Works of Saint John the Cross*, 1864, p. 129, 191。

sich in mein Leben ein. Ich mache sie mir zu eigen.

Die unendlichen Variationen des Lebens sind unserm Leben wesentlich. Und also eben der Gepflogenheit des Lebens. Ausdruck *besteht* für uns ⟨in⟩ Unberechenbarkeit. Wüßte ich genau, wie er sein Gesicht verziehen, sich bewegen wird, so wäre kein Gesichtausdruck, keine Gebärde vorhanden. - Stimmt das aber? - Ich kann mir doch ein Musikstück, das ich (ganz) auswendig weiß, immer wieder anhören; und es könnte auch von einer Spieluhr gespielt werden. Seine Gebärden blieben für mich immer Gebärden, obgleich ich immer weiß, was kommen wird. Ja, ich kann sogar immer wieder überrascht sein. (In einem bestimmten Sinne.)

◆

Der ehrliche religiöse Denker ist wie ein Seiltänzer. Er geht, dem Anscheine nach, beinahe nur auf der Luft. Sein Boden ist der schmalste, der sich denken läßt. Und doch läßt sich auf ihm wirklich gehen.

◆

Der feste Glaube. (An eine Verheißung z.B.) Ist er weniger sicher als die Überzeugung von einer mathematischen Wahrheit? - Aber werden dadurch die Sprachspiele ähnlicher!

◆

Es ist für unsere Betrachtung wichtig, daß es Menschen gibt, von denen jemand fühlt, er werde nie wissen, was in ihnen vorgeht. Er werde

變成我自己的東西。

生命無止盡的變奏，對於我們的生活而言是必要的。對於生活習慣而言也是如此。對我們而言，表情的重點**在於**它的不可預測性。如果我準確地知道他的臉部會扭曲，他會做出什麼動作，那麼就不會有任何臉部表情，也不會有任何舉手投足的動作了。──可是真的如此嗎？我可以反覆聆聽一首我倒背如流的樂曲；它也可能是由音樂盒演奏的。對我而言，它的姿勢一直是個姿勢，儘管我總是知道接下來會出現什麼。的確，我會一再地感到驚奇。（在某個意義下。）

◆

誠實的宗教思想家宛如一個走鋼索的演員。他看起來幾乎是走在半空中。他腳下的立足點細到難以想像。可是他真的可以走在上頭。

◆

堅若磐石的信心。（例如對於一個應許的信心。）它的確定性會小於對於一個數學真理的信念嗎？──然而正因為如此，所有語言遊戲才會大同小異。

◆

對於我們的思考而言，重要的是有些人總是讓人覺得搞不清楚他們心裡在想什麼。我們永遠無法理解他們。（歐洲人眼裡的英國

sie nie verstehen. (Engländerinnen für Europäer.)

◆

Ich glaube, es ist eine wichtige und merkwürdige Tatsache, daß ein musikalisches Thema, wenn es in (sehr) verschiedenen Tempi gespielt wird, seinen *Charakter* ändert. Übergang von der Quantität zur Qualität.

◆

Die Probleme des Lebens sind an der Oberfläche unlösbar, und nur in der Tiefe zu lösen. In den Dimensionen der Oberfläche sind sie unlösbar.

◆

In einer Konversation: Einer wirft einen Ball; der Andre weiß nicht: soll er ihn zurückwerfen, oder einem Dritten zuwerfen, oder liegen- lassen, oder aufheben und in die Tasche stecken, etc.

◆

Der große Architekt in einer schlechten Periode (Van der Nüll) hat eine ganz andere Aufgabe als der große Architekt in einer guten Periode. Man darf sich wieder nicht durch das allgemeine Begriffswort verführen lassen. Nimm nicht die Vergleichbarkeit, sondern die Unvergleichbarkeit als selbstverständlich hin.

◆

Nichts ist doch wichtiger, als die Bildung von fiktiven Begriffen, die uns die unseren erst verstehen lehren.

女人。）

◆

　　有一個重要而奇怪的事實，那就是一段音樂主題，如果以（相當）不同的節拍演奏，它的**性格**也會跟著改變。從量到質的過渡。

◆

　　生命的種種問題沒辦法在表層找到答案，只有深入底層才可以解答。在表層的種種向度裡，它們是無解的。

◆

　　在一次談話裡：有個人投擲一顆球；另一個人不知道他是要丟回去，或者是丟給一個第三者，或者是不管它，或者是撿起來塞到口袋裡等等。

◆

　　繁華落盡的年代裡的偉大建築師（范德尼）[61]，他要面對的任務完全不同於興盛時期裡的建築師。我們不要被時下流行的術語拐騙了。不要以為它們當然可以相互比較，它們是沒辦法相提並論的。

◆

　　如果要教導我們更加理解我們自己的概念，那麼就沒有比建構種種虛擬的概念更重要的事了。

61　譯注：范德尼（Eduard van der Nüll, 1812-1868），奧地利建築師，共同規劃興建維也納國家歌劇院，落成時遭到嚴厲的批評，因而懸樑自盡。

♦

"Denken ist schwer" (Ward). Was heißt das eigentlich? Warum ist es schwer? - Es ist beinahe ähnlich, als sagte man "Schauen ist schwer". Denn angestrengtes Schauen ist schwer. Und man kann angestrengt schauen und doch nichts sehen, oder immer wieder etwas zu sehen glauben, und doch nicht deutlich sehen können. Man kann müde werden vom Schauen, auch wenn man nichts sieht.

♦

Wenn Du einen Knäuel nicht entwirren kannst, so ist das Gescheiteste, was Du tun kannst, das einzusehen; und das Anständigste, es zuzugestehen. [Antisemitismus.]

Was man tun soll, das Übel zu heilen, ist *nicht* klar. Was man *nicht* tun darf, ist von Fall zu Fall klar.

♦

Es ist merkwürdig, daß man die Zeichnungen von Busch oft 'metaphysisch' nennen kann. So gibt es also eine Zeichenweise, die metaphysisch ist? - "Gesehen mit dem Ewigen als Hintergrund" könnte man sagen. Aber doch bedeuten diese Striche das nur in einer ganzen Sprache. Und es ist eine Sprache ohne Grammatik, man könnte ihre Regeln nicht angeben.

◆

　「思考是困難的事。」（沃德語）[62]那到底是什麼意思呢？為什麼困難？——那差不多類似於人們說「觀看是困難的事」。因為凝神觀看是困難的事。我們有可能凝神觀看卻什麼也看不到，或者是以為看到了什麼卻看不清楚。就算我們什麼也看不見，觀看還是很累人的事。

◆

　如果你沒辦法把一個線團整理出頭緒，那麼最聰明的做法就是認清這點；而最正直的做法則是承認它。（反閃族主義。）

　我們**不知道**怎麼做才能匡正時弊。可是我們很清楚在特定的情況裡**不應該**做什麼。

◆

　說也奇怪，布許[63]的素描往往可以說是「形而上的」。這麼說來，難道真的有一種形而上的素描法嗎？——我們可以說是「在永恆的形相下觀之」[64]。可是這些筆觸唯有在一個完整的語言裡才有意義。而那是個沒有文法的語言，我們說不上來它的規則是什麼。

---

62 譯注：另見雷伊・孟克，《天才的責任》（Ray Monk, *Ludwig Wittgenstein: The Dudy of Genius*），頁645-646，賴盈滿譯，衛城出版，2020。沃德（James Ward, 1843-1925），英國哲學家和心理學家，對於大不列顛的心理學發展有相當大的影響。

63 譯注：威廉・布許（Wilhelm Busch, 1832-1908），德國畫家、詩人以及諷刺插畫家。

64 譯注：見Ludwig Wittgenstein, *Tagebücher*, 7.10.1916, in: *Ludwig Wittgenstein: Werkausgabe*, Band I, Suhrkamp, 1984, S. 178：「藝術作品是在永恆的形相下觀之的對象。」

◆

Karl der Große hat im Alter vergebens versucht, schreiben zu lernen: und so kann Einer auch vergebens trachten, eine Gedankenbewegung zu erlernen. Sie wird ihm nie geläufig.

◆

Eine Sprache, in der im Takt geredet wird, so daß man auch nach dem *Metronom* reden kann. Es ist nicht selbstverständlich, daß Musik sich, wie die unsere, wenigstens beiläufig, metronomieren läßt. (Das Thema aus der 8. Symphonie genau nach dem Metronom zu spielen.)

◆

Schon in Menschen, die sämtlich die gleichen Gesichtszüge hätten, könnten wir uns nicht finden.

◆

Ist ein falscher Gedanke nur einmal kühn und klar ausgedrückt, so ist damit schon viel gewonnen.

◆

Nur wenn man noch viel verrückter denkt, als die Philosophen, kann man ihre Probleme lösen.

◆

Denk, jemand sähe ein Pendel an und dächte dabei: So läßt Gott es gehen. Hat denn Gott nicht die Freiheit, auch einmal in Übereinstimmung mit einer Rechnung zu handeln?

查理曼大帝到了晚年才學寫字，但是成效不彰：一個人再怎麼努力要學會一種思考方法，到頭來也是白費工夫。他永遠沒辦法駕輕就熟。

◆

以合拍的方式說話的語言，因而也可以跟著**節拍器**的拍子說話。音樂並不一定要像我們的音樂那樣，至少偶爾可以跟著節拍器演奏。（第八號交響曲的主題就是完全跟著節拍器演奏的。）[65]

◆

就算我們混跡在臉部特徵都相同的人群裡，我們也沒有辦法找到我們自己。

◆

只要我們大膽而清楚地表達一個錯誤的想法，那就已經大有斬獲了。

◆

只要我們的思考比哲學家還要瘋狂，我們就可以解決他們的問題了。

◆

我們想像有個人看到一只鐘擺而心裡思忖著：那一定是神讓它擺動的。神究竟有沒有讓祂的行為符合計算的自由呢？

---

65 譯注：指貝多芬第八號交響曲。

♦

Ein weit talentierterer Schriftsteller als ich hätte noch immer geringes Talent.

♦

Es ist ein *körperliches* Bedürfnis des Menschen, sich bei der Arbeit zu sagen "Jetzt lassen wir's schon einmal", und daß man immer wieder gegen dieses Bedürfnis beim Philosophieren denken muß, macht diese Arbeit so anstrengend.

♦

Du mußt die Fehler Deines eigenen Stiles *hinnehmen*. Beinahe wie die Unschönheiten des eigenen Gesichts.

♦

Steige immer von den kahlen Höhen der Gescheitheit in die grünenden Täler der Dummheit.

♦

Ich habe eines von diesen Talenten, das immer wieder aus der Not eine Tugend machen muß.

♦

Tradition ist nichts, was Einer lernen kann, ist nicht ein Faden, den Einer aufnehmen kann, wenn es ihm gefällt; so wenig, wie es möglich ist, sich die eigenen Ahnen auszusuchen.

Wer eine Tradition nicht hat und sie haben möchte, der ist wie ein

◆

就算一個作家比我更有才華，他的才華還是很貧乏。

◆

人在工作的時候會對自己說：「我們現在暫且放下吧。」這是人類**身體的**需求，而在哲學探究的時候，卻必須在心裡不斷對抗這個需求，而使得這個工作格外費力。

◆

你必須**接納**屬於你自己的風格的種種錯誤。差不多就像自己臉上的瑕疵一樣。

◆

你要從寸草不生的聰明高原走下來，一直到蔥蘢蓊鬱的糊塗山谷裡。

◆

我的眾多能力當中，有一個能力是可以把困境變成一種德行。

◆

傳統不是一個人可以習得的東西，那不是一個人看著喜歡就可以撿起來的一根繩子；就像人沒辦法選擇自己的祖先一樣。

如果人沒有一個傳統而又想要的話，他就像一個不快樂的戀人

unglücklich Verliebter.

◆

Der glücklich Verliebte und der unglücklich Verliebte haben Jeder
sein eigenes Pathos.

Aber es ist schwerer gut unglücklich verliebt sein, als gut glücklich
verliebt.

◆

Moore hat mit seinem Paradox in ein philosophisches Wespennest
gestochen; und wenn die Wespen nicht gehörig aufgeflogen sind, so ist
es nur, weil sie zu träg waren.

◆

Im Geistigen läßt sich ein Unternehmen meistens nicht fortsetzen,
soll auch gar nicht fortgesetzt werden. Diese Gedanken düngen den
Boden für eine neue Saat.

◆

So bist Du also ein schlechter Philosoph, wenn, was Du schreibst,
schwer verständlich ist? Wärest Du besser, so würdest Du das Schwere
leicht verständlich machen. - Aber wer sagt, daß das möglich ist?! [Tolstoi.]

◆

Das größte Glück des Menschen ist die Liebe. Angenommen, Du
sagst vom Schizophrenischen: er liebt nicht, er kann nicht lieben, er will
nicht lieben - wo ist der Unterschied?!

一樣。

◆

　　快樂的戀人以及不快樂的戀人，都有他們特有的情愫。

　　可是相較於快樂的戀愛，不快樂的戀愛要難捱得多。

◆

　　謨爾[66]用他的悖論捅了一個哲學的馬蜂窩；而如果說馬蜂沒有跟著飛出來的話，那只是因為牠們太懶散了。

◆

　　在心靈世界裡，任何計畫往往都是無疾而終，也不應該繼續推動下去。這些想法會為了下一次的播種而為土壤施肥。

◆

　　如果你寫出來的東西晦澀難懂，你就是個差勁的哲學家嗎？如果你比較優秀，那麼你應該可以深入淺出。──然而誰說那是可能的？！（托爾斯泰。）[67]

◆

　　愛是人類最大的幸福。假設你這麼談論思覺失調症：他不愛任何人，他沒辦法愛任何人，他不想要愛任何人──差別在哪裡？！

66　譯注：謨爾（George Edward Moore, 1873-1958），英國哲學家，和羅素同為分析哲學的主要創立者。

67　譯注：托爾斯泰，《藝術論》，頁96-100：「藝術所以使大多數人不能不明白的，因為它是好的。同時也可以說使大多數人不能明白的，因為它是不好的，或者簡直不是藝術。」

♦

"Er will nicht ..." heißt: es ist in seiner Macht. Und *wer* will das sagen?!

Wovon sagt man denn "es ist in meiner Macht"? - Man sagt es, wo man einen Unterschied machen will. *Dies* Gewicht kann ich heben, will's aber nicht heben; jenes *kann* ich nicht heben.

♦

"Gott hat es befohlen, also muß man's tun können." Das heißt gar nichts. Hier ist kein *'also'*. Die beiden Ausdrücke könnten höchstens das *gleiche* bedeuten.

"Er hat es befohlen" heißt hier ungefähr: Er wird strafen, wer es nicht tut. Und daraus folgt nichts über das Können. Und *das* ist der Sinn der 'Gnadenwahl'.

Das heißt aber nicht, daß es richtig ist, zu sagen: "Er straft, obgleich man nicht anders *kann*." - Wohl aber könnte man sagen: Hier wird gestraft, wo der Mensch nicht strafen dürfte. Und der Begriff der 'Strafe' überhaupt ändert sich hier. Denn die alten Illustrationen lassen sich hier nicht mehr anwenden, oder müssen nun ganz anders angewendet werden. Sieh Dir nur eine Allegorie an, wie "The Pilgrim's Progress", und wie hier alles - im menschlichen Sinne - nicht stimmt. - Aber stimmt sie nicht doch? D.h.: läßt sie sich nicht anwenden? Sie ist ja angewendet worden. (Auf den Bahnhöfen gibt es Zifferblätter mit zwei

◆

「他不想要⋯⋯」意思是：那是在他的力量範圍內。而**誰**會想要那麼說？！

我們在什麼情況下會說「在我的力量範圍內」呢？──當你要做一個區分的時候，你會那麼說。**這個**重量我舉得起來，可是我不想要；那個重量我則舉不起來。

◆

「神吩咐人們去做那件事，所以那是人們做得到的事。」這句話完全沒有意義。這裡並沒有「**所以**」。前後兩句話最多只是意指**同**一件事。

「祂吩咐人們去做那件事」的意思差不多是：祂會處罰沒有那麼做的人。我們據此推論人們是否做得到。**這**就是「預定」的意思。

然而那並不是意味著我們可以這麼說：「即使人們不得不那麼做，祂還是**會**懲罰他們。」──可是我們或許可以說：在這個情況下，人不可以做出處罰，可是祂會。在這裡，「處罰」的整個概念已經改變了。因為舊有的例證再也派不上用場，或者是必須援用截然不同的例證。你只要看一看「天路歷程」之類的寓言，就會注意到這裡的一切──在人類的意義下──根本驢唇不對馬嘴。可是它有什麼錯誤嗎？或者是說：它真的派不上用場嗎？人們的確使用了它。（火車站裡有許多刻度盤，上面有兩根指針；它們顯示下一班列車的離站時間。它看起來像大鐘，其實不是；可是它們有它們

維根斯坦的哲學筆記：文化與價值　285

Zeigern; sie zeigen an, wann der nächste Zug abfährt. Sie schauen aus wie Uhren und sind keine; haben aber ihre Verwendung.) (Es gäbe hier ein besseres Gleichnis.)

Dem Menschen, der bei dieser Allegorie unwillig wird, könnte man sagen: Verwende sie anders oder kümmere Dich nicht um sie! (Aber *manchen* wird sie weit mehr verwirren, als sie ihm helfen kann.)

◆

Was der Leser auch kann, das überlaß dem Leser.

◆

Ich schreibe beinahe immer Selbstgespräche mit mir selbst. Sachen, die ich mir unter vier Augen sage.

◆

Ehrgeiz ist der Tod des Denkens.

◆

Humor ist keine Stimmung, sondern eine Weltanschauung. Und darum, wenn es richtig ist, zu sagen, im Nazi-Deutschland sei der Humor vertilgt worden, so heißt das nicht so etwas wie, man sei nicht guter Laune gewesen, sondern etwas viel Tieferes und Wichtigeres.

◆

Zwei Menschen, die zusammen, über einen Witz etwa, lachen. Einer hat gewisse etwas ungewöhnliche Worte gebraucht und nun brechen sie beide in eine Art von Meckern aus. Das könnte Einem, der

的用處。）（這裡應該有更好的比喻。）

　　如果有人不喜歡這個諷喻，我們可以對他說：那麼你就換個說法，或者是放著別管它吧。（可是對於**某些人**而言，他們只會覺得更困惑而沒有什麼幫助。）

◆

　　讀者做得到的事，就讓他們自己去做。

◆

　　我的寫作差不多是在和自己對話。我和我自己面對面談論的事物。

◆

　　虛榮是思考的死亡。

◆

　　幽默不是心境，而是一個世界觀。因此我們可以正確地說，在國社黨時期的德國，幽默被除滅了，那不是說當時的人們心情不好之類的，而是指更深層且重要的事物。

◆

　　兩個人因為一則笑話而忍俊不住。其中一個人使用了某些不尋常的語詞，兩個人都噗哧笑了出來。對於一個外地來的人而言，他或許會覺得**相當**莫名其妙。而我們則是覺得很**合理**。

aus anderer Umgebung zu uns kommt, *sehr* sonderbar vorkommen. Während wir es ganz *vernünftig* finden.

(Ich beobachtete diese Szene neulich in einem Omnibus und konnte mich in Einen hineindenken, der das nicht gewohnt ist. Es kam mir dann ganz irrational vor und wie die Reaktionen eines uns fremden *Tiers.*)

1949

♦

Der Begriff des 'Festes'. Für uns mit Lustbarkeit verbunden; zu einer andern Zeit möglicherweise nur mit Furcht und Grauen. Was wir "Witz" und was wir "Humor" nennen, hat es gewiß in andern Zeiten nicht gegeben. Und diese beiden ändern sich beständig.

♦

"Le style c'est l'homme", "Le style c'est l'homme même". Der erste Ausdruck hat eine billige epigrammatische Kürze. Der zweite, richtige, eröffnet eine ganz andere Perspektive. Er sagt, daß der Stil das *Bild* des Menschen sei.

♦

Es gibt Bemerkungen, die säen, und Bemerkungen, die ernten.

♦

Die Landschaft dieser Begriffsverhältnisse aus ihren unzähligen

（我最近在一輛公車上就見證到這個場景，以一個外地人的立場換位思考。接著我就覺得相當不合理，宛若我們沒見過的**動物**的種種反應。）

一九四九年

◆

「慶典」的概念。對我們而言，它和狂歡有關；在其他年代裡，或許只是和恐懼以及擔憂有關。而我們所謂的「詼諧」和「幽默」，在其他時代裡則沒有這種東西。而且這兩者也持續在改變。

◆

「風格即人。」「風格即人本身。」[68]第一句話就像廉價的雋語一樣的簡潔。第二句話，也就是正確的版本，則是開啟了完全不同的視野。它的意思是說，風格是人的**圖像**。

◆

有些評論是在播種，有些評論則是在收割。

◆

以語言對我們呈現的無數片段，把這個概念關係的地景拼湊起

---

68 譯注：布馮伯爵（Georges-Louis Leclerc, count de Buffon, 1707-1788）語（*Discours sur le style*, 1753）。布馮伯爵是法國啟蒙運動時期的博物學家、數家家和生物學家。

Stücken, wie sie die Sprache uns zeigt, zusammenstellen, ist zu *schwer* für mich. Ich kann es nur sehr unvollkommen tun.

♦

Wenn ich mich für eine Eventualität vorbereite, kannst Du ziemlich sicher sein, daß sie nicht eintreten wird. u.U.

♦

Es ist *schwer* etwas zu wissen, und zu handeln, als wüßte man's nicht.

♦

Es gibt wirklich die Fälle, in denen Einem der Sinn dessen, was er sagen will,viel klarer vorschwebt, als er ihn in Worten auszudrücken vermag. (Mir geschieht dies sehr oft.) Es ist dann, als sähe man deutlich ein Traumbild vor sich, könnte es aber nicht so beschreiben, daß der Andre es auch sieht. Ja, das Bild steht für den Schreiber (mich) oft bleibend hinter den Worten, so daß sie es *für mich* zu beschreiben *scheinen*.

♦

Ein mittelmäßiger Schriftsteller muß sich hüten, einen rohen, inkorrekten Ausdruck zu schnell durch einen korrekten zu ersetzen. Dadurch tötet er den ersten Einfall, der doch noch ein lebendes Pflänzchen war. Und nun ist er dürr und *gar* nichts mehr wert. Man kann ihn nun auf den Mist werfen. Während das armselige Pflänzchen noch immer einen gewissen Nutzen hatte.

來，這對我而言實在太難了。我會拼湊得七零八落。

◆

如果我為了某個可能情況未雨綢繆，你可以確定它不會發生。在某些情況下。

◆

明明知道某個事物，卻又要假裝不知道，那是**很困難**的事。

◆

在某些情況下，一個人的確會覺得他心裡想說的話比他以言語表達出來的要清楚得多（我自己就屢見不鮮），那就像是我們在心裡清楚浮現一個夢境，卻無法清楚描述，讓別人也看得見。其實，對於寫作者（我自己）而言，圖像往往藏在我的話語背後，彷彿那些話語是在**對我描述**它似的。

◆

一個平庸的作家必須避免急著要以正確的說法取代原本生澀而不正確的說法。因為那樣會扼殺了他原本的靈感，它至少還是一株有生命的樹苗。可是現在它枯萎了，而且沒有**半點**價值。他大可把它扔到垃圾堆裡。然而那可憐的樹苗其實還是有其價值的。

♦

Das Veralten von Schriftstellern, die schließlich etwas *waren*, hängt damit zusammen, daß ihre Schriften von der ganzen Umgebung ihrer Zeit ergänzt, stark zu den Menschen sprechen, daß sie aber ohne diese Ergänzung sterben, gleichsam der Beleuchtung beraubt, die ihnen Farbe gab.

Und damit, glaube ich, hängt die Schönheit mathematischer Demonstrationen zusammen, wie sie selbst von Pascal empfunden wurde. In *dieser* Anschauung der Welt hatten diese Demonstrationen *Schönheit* - nicht das, was oberflächliche Menschen Schönheit nennen. Auch, ein Krystall ist nicht in jeder 'Umgebung' schön - obwohl vielleicht in jeder *reizvoll.* –

Wie sich ganze Zeiten nicht aus den Zangen gewisser Begriffe befreien können - des Begriffes 'schön' und 'Schönheit' z.B.

♦

Mein eigenes Denken über Kunst und Werte ist weit desillusionierter, als es das der Menschen vor 100 Jahren sein *konnte.* Und doch heißt das nicht, daß es deswegen richtiger ist. Es heißt nur, daß im Vordergrund meines Geistes Untergänge sind, die nicht im *Vordergrund* jener waren.

♦

Sorgen sind wie Krankheiten; man muß sie hinnehmen: das Schlimmste, was man tun kann, ist, sich gegen sie auflehnen.

Sie kommen auch in Anfällen, durch innere, oder äußere Anlässe

◆

　　以前小有名氣的作家，現在之所以落伍了，那是因為他們的作品有時代環境的加持，而讓人覺得言之有物，可是沒有了這個加持，它們就會無疾而終，宛若失去了賦予它們顏色的燈光。

　　我覺得數學證明的美也和它有關，而帕斯卡自己也感覺到了。在**這個**世界觀底下，這些證明有一種**美**——不是膚淺的人所說的那種美。再說，一顆水晶也不是在任何「場景」裡都那麼美——儘管在任何場景裡都很有**魅力**。——

　　任何時代都沒有辦法擺脫某些概念的箝制——例如「美麗的」和「美」的概念。

◆

　　相較於一百年前的人們，我自己關於藝術和價值的思考更像是大夢初醒。然而那並不意味著我的思考因此就比較正確。那只是說我的心靈前方是一片荒煙蔓草，而他們**眼前**所看到的則不然。

◆

　　種種憂慮就像疾病一樣；我們只能接受它：抗拒它是等而下之的作法。

　　它們可能因為內在或外在的誘因而侵襲我們。這時候我們只能

ausgelöst. Und man muß sich dann sagen: "Wieder ein Anfall."

♦

Wissenschaftliche Fragen können mich interessieren, aber nie wirklich fesseln. Das tun für mich nur *begriffliche* und *ästhetische* Fragen. Die Lösung wissenschaftlicher Probleme ist mir, im Grunde, gleichgültig; jener andern Fragen aber nicht.

♦

Auch wenn man nicht in Kreisen denkt, so geht man doch, manchmal geradenwegs durch's Walddickicht der Fragen in's Freie hinaus, manchmal auf verschlungenen, oder Zickzackwegen, die uns nicht in's Freie führen.

♦

Der Sabbath ist nicht einfach die Zeit der Ruhe, der Erholung. Wir sollten unsre Arbeit von außen betrachten, nicht nur von innen.

♦

Der Gruß der Philosophen unter einander sollte sein: "Laß Dir Zeit!"

♦

Für den Menschen ist das Ewige, Wichtige, oft durch einen undurchdringlichen Schleier verdeckt. Er weiß: da drunten ist etwas, aber er *sieht* es nicht. Der Schleier reflektiert das Tageslicht.

說：「它又襲來了。」

◆

　　科學問題或許讓我興味盎然，但是從來沒有真正吸引我。只有**概念**和**美感**的問題才會讓我心醉神馳。基本上，科學問題的答案是什麼，對我而言是漠不相關的；但是概念和美感的問題則不然。

◆

　　就算我們的思考是在原地打轉，有時候我們也會筆直地穿過問題的密林來到林間空地，有時候小徑蜿蜒曲折而走不出來。

◆

　　安息日不只是休息或恢復的時間，我們必須自外部思考我們的工作，而不只是自內部思考。

◆

　　哲學家們的相互問候應該是：「慢慢來！」

◆

　　對於一個人而言，永恆的、重要的事物，往往會覆蓋上不透明的面罩。他知道底下有東西，但是他**看**不見。那塊面罩會反射日光。

♦

Warum soll der Mensch nicht todunglücklich werden? Es ist eine seiner Möglichkeiten. Wie im 'Corinthian Bagatel' dieser Weg der Kugel einer der möglichen Wege. Und vielleicht nicht einmal einer der seltenen.

♦

In den Tälern der Dummheit wächst für den Philosophen noch immer mehr Gras, als auf den kahlen Höhen der Gescheitheit.

♦

Die Zeitlichkeit der Uhr und die Zeitlichkeit in der Musik. Sie sind durchaus nicht gleiche Begriffe.

Streng im Takt gespielt, heißt nicht genau nach dem Metronom gespielt. Es wäre aber möglich, daß eine gewisse *Art* von Musik nach dem Metronom zu spielen wäre. (Ist das Anfangsthema ⟨des zweiten Satzes⟩ der 8. Symphonie von dieser Art?)

♦

Könnte man den Begriff der Höllenstrafen auch anders, als durch den Begriff der Strafe erklären? Oder den Begriff der Güte Gottes auch anders, als durch den Begriff der Güte?

Wenn Du mit Deinen Worten die rechte *Wirkung* erzielen willst, gewiß nicht.

♦

Denke, es würde Einem gelehrt: Es gibt ein Wesen, welches Dich,

◆

　一個人憑什麼一定不會終身顛沛流離？那畢竟是他的一個可能性。就像彈珠檯遊戲一樣，這條彈珠路徑只是許多路徑之一。它甚或不是什麼罕見的路徑。

◆

　對於哲學家而言，在糊塗的山谷裡或許比聰明的貧瘠高原更加綠意盎然。

◆

　時鐘的時間性和音樂的時間性。它們完全是兩個不同的概念。

　完全跟著節拍演奏，並不是說精準地跟著節拍器演奏。儘管可能有一種音樂必須跟著節拍器演奏。（第八號交響曲〔第二樂章〕的第一個主題就是這類的音樂嗎？）

◆

　我們可以不用刑罰的概念去解釋地獄永罰的概念嗎？或者不用善的概念去解釋神的善的概念？

　如果你想要使你的話語獲致正確的**效果**，你當然不能那麼做。

◆

　試想一下，如果有個人被教導說：有一個存有者，如果你的行

wenn Du das und das tust, so und so lebst, nach Deinem Tod an einen Ort der ewigen Qual bringen wird; die meisten Menschen kommen dorthin, eine geringe Anzahl an einen Ort der ewigen Freude. - Jenes Wesen hat von vornherein die ausgewählt, die an den guten Ort kommen sollen, und, da nur die an den Ort der Qual kommen, die eine bestimmte Art des Lebens geführt haben, die andern auch, von vornherein, zu dieser Art des Lebens bestimmt.

Wie so eine Lehre wohl wirken würde?

Es ist hier also von Strafe keine Rede, sondern eher von einer Art Naturgesetzlichkeit. Und, wem man es in diesem Lichte darstellt, der könnte nur Verzweiflung oder Unglauben aus dieser Lehre ziehen.

Diese Lehre könnte keine ethische Erziehung sein. Und wen man ethisch erziehen und dennoch so lehren wollte, dem müßte man die Lehre, *nach* der ethischen Erziehung, als eine Art unbegreiflichen Geheimnisses darstellen.

◆

"Er hat sie, in seiner Güte, erwählt und er wird Dich strafen" hat ja keinen Sinn. Die beiden Hälften gehören zu verschiedenen Betrachtungsarten. Die zweite Hälfte ist ethisch und die erste ist es nicht. Und mit der ersten zusammen ist die zweite absurd.

◆

Der Reim von 'Rast' mit 'Hast' ist ein Zufall. Aber ein glücklicher

為和生活不是如此這般,他就在你死後把你押到一個永罰的處所;大多數人們都要淪落到那裡,只有少數人會被提到一個永福的處所。——那位存有者一開始就預先揀選了誰要去恩慈的處所,而由於只有過著特定生活的人才會落到永罰的處所,所以他也預先決定了其他人要過這種生活。

這樣的教義會有什麼作用呢?

其實這裡要說的不是懲罰,而是一種自然規律性。而如果我們以這個觀點對人們演示教義,應該只會讓人對它心生絕望或懷疑吧。

這個教義不可能是什麼道德教育。可是如果我們要以這種教義從事道德教育的話,**依據**道德教育的標準,我們只能說它是難以理解的奧祕。

◆

「祂以其恩慈選召他們,而祂則是要懲罰你。」這句話一點道理也沒有。這兩段話的思考方式截然不同。第二段話和道德有關,而第一段話則不然。兩段話放在一起,第二段話就是悖理的。

◆

「Rast」(歇息)和「Hast」(匆忙)的合韻只是個偶然。不過

Zufall, und Du kannst diesen glücklichen Zufall *entdecken*.

♦

In Beethovens Musik findet sich zum ersten Mal, was man den Ausdruck der Ironie nennen kann. Z.B. im ersten Satz der Neunten. Und zwar ist es bei ihm eine fürchterliche Ironie, etwa die des Schicksals. - Bei Wagner kommt die Ironie wieder, aber in's Bürgerliche gewendet.

Man könnte wohl sagen, daß Wagner und Brahms, jeder in andrer Art, Beethoven nachgeahmt haben; aber was bei ihm kosmisch war, wird bei ihnen irdisch.

Es kommen bei ihm die gleichen Ausdrücke vor, aber sie folgen andern Gesetzen.

Das Schicksal spielt ja auch in Mozarts oder Haydns Musik keinerlei Rolle. Damit *beschäftigt* sich diese Musik nicht.

Tovey, dieser Esel, sagt einmal dies, oder etwas Ähnliches, habe damit zu tun, daß Mozart Lektüre einer gewissen Art gar nicht zugänglich gewesen sei. Als ob es ausgemacht wäre, daß nur die Bücher die Musik der Meister bestimmt hätten. Freilich hängen Musik und Bücher zusammen. Aber wenn Mozart in seiner Lektüre nicht große *Tragik* fand, fand er sie darum nicht im *Leben*? Und sehen Komponisten immer nur durch die Brillen der Dichter?

是個幸運的偶然，而你也可以**尋見**這個幸運的偶然。

◆

在貝多芬的音樂裡，第一次出現了我們所謂的諷刺的表現。例如說第九號交響曲第一樂章。而且在那裡是一種可怕的諷刺，差不多是命運的諷刺。——在華格納那裡，諷刺再現了，不過這次轉向中產階級的諷刺。

我們的確可以說，華格納和布拉姆斯各自以不同的手法在模仿貝多芬；可是在貝多芬那裡屬於全宇宙的事物，到了他們那裡卻變成了地球上的東西。

在他的音樂裡也有相同的表現，不過是依據不同的規則。

在莫扎特或海頓的音樂裡，命運並不扮演任何角色。他們的音樂並不想**探討**它。

托維[69]這頭驢子有一次也有類似的說法，他認為那和莫扎特沒有通曉某種文學有關。言下之意是只有書本才能決定大師的音樂性格。音樂當然和書本有關。可是就算莫扎特沒有讀過偉大的**悲劇作品**，他在**生活**裡難道不會遭遇到悲劇嗎？難道作曲家只會戴上詩人的眼鏡觀看任何事物嗎？

---

69 譯注：唐諾・托維（Sir Donald Francis Tovey, 1875-1940），英國樂評家、作曲家、指揮家和鋼琴家。

♦

Einen dreifachen Kontrapunkt gibt es nur in einer ganz bestimmten musikalischen Umgebung.

♦

Der seelenvolle Ausdruck in der Musik. Er ist nicht nach Graden der Stärke und des Tempos zu beschreiben. Sowenig wie der seelenvolle Gesichtsausdruck durch räumliche Maße. Ja er ist auch nicht durch ein Paradigma zu erklären, denn das gleiche Stück kann auf unzählige Arten mit echtem Ausdruck gespielt werden.

♦

Das Wesen Gottes verbürge seine Existenz - d.h. eigentlich, daß es sich hier um eine Existenz nicht handelt.

Könnte man denn nicht auch sagen, das Wesen der Farbe verbürge ihre Existenz? Im Gegensatz etwa zum weißen Elephanten. Denn es heißt ja nur: Ich kann nicht erklären, was 'Farbe' ist, was das Wort "Farbe" bedeutet, außer an der Hand des Farbmusters. Es gibt also hier nicht ein Erklären, 'wie es *wäre*, wenn es Farben *gäbe*'.

Und man könnte nun sagen: Es läßt sich beschreiben, wie es wäre, wenn es Götter auf dem Olymp gäbe - aber nicht: 'wie es wäre, wenn es

◆

只有在一個特定的音樂環境才會有三部對位。[70]

◆

音樂裡的深情表現。我們沒辦法以強弱或速度的程度去描述它。正如我們無法以空間的尺度去描述一個深情的臉部表情。我們當然也沒辦法以一個範例去解釋它，因為我們可以用無數方式、以真實的表情演奏同一首曲子。

◆

有人說神的本質保證了祂的存在[71]——它的意思其實是說，這裡的重點不在於某物是否存在。

那麼，我們難道不可以同樣說，顏色的本質保證了它的存在？例如說，白象就正好相反。因為它的意思只是說：我手裡必須有個顏色的樣本，才能解釋「顏色」是什麼，「顏色」這個語詞是什麼意思。這裡並不是在解釋「**假使**存在著顏色這種東西，那**會是**什麼樣子」。

現在我們或許可以說：我們可以描述「如果存在著奧林匹亞諸神，那會是什麼樣子」——但無法描述「如果存在著神，那會是什

---

70 譯注：「可轉位的對位：在對位結構的樂句中，用移位（通常是八度）將較低的部分轉為位較高的部分。或較高的部分轉為較低的。即和聲轉為原則的應用。應用在兩部時，稱為複對位，應用到三部或四部時，稱為三部（或四部）對位。」（《大陸音樂辭典》，頁562-563。）

71 譯注：指安瑟倫關於上帝存在的存有學論證。他在《獨白》（*Monologium*）裡指出「神」這個名字的本質包含了祂的存在，正如「完美」包含了存在的屬性。

Gott gäbe'. Und damit wird der Begriff 'Gott' näher bestimmt.

Wie wird uns das Wort "Gott" beigebracht (d.h. sein Gebrauch)? Ich kann davon keine ausführliche grammatische Beschreibung geben. Aber ich kann sozusagen Beiträge zu der Beschreibung machen; ich kann darüber manches sagen und vielleicht mit der Zeit eine Art Beispielsammlung anlegen.

Bedenke hier, daß man in einem Wörterbuch vielleicht gern solche Gebrauchsbeschreibungen gäbe, in Wirklichkeit aber nur einige wenige Beispiele und Erklärungen gibt. Ferner aber, daß mehr auch nicht nötig ist. Was könnten wir mit einer ungeheuer langen Beschreibung anfangen? - Nun, wir könnten nichts mit ihr anfangen, wenn es sich um den Gebrauch von Wörtern uns geläufiger Sprachen handelte. Aber wie, wenn wir so eine Beschreibung des Gebrauchs eines assyrischen Worts vorfänden? Und in welcher Sprache? Nun, in einer andern uns bekannten. - In der Beschreibung wird oft das Wort "manchmal" vorkommen, oder "öfters", oder "für gewöhnlich", oder "fast immer", oder "fast nie".

Es ist schwer, sich ein gutes Bild einer solchen Beschreibung zu machen.

Und ich bin im Grunde doch ein Maler, und oft ein sehr schlechter Maler.

◆

Wie ist es denn, wenn Leute nicht den gleichen Sinn für Humor

麼樣子」。如此一來，我們就可以更貼近地定義「神」的概念。

　　「神」這個語詞告訴了我們什麼（也就是它的用法）？我沒辦法提出詳盡的文法描述。但是我可以就這個描述提出我的看法；我可以就此說幾句話，或許可以漸漸累積種種例證。

　　我們在這裡要記得，我們喜歡在辭典裡列舉種種語詞用法的描述，其實我們只是提出一些範例和解說而已。但是我們也要記得，它僅止於此就足夠了。我們會喜歡連篇累牘的描述嗎？——如果它是在描述我們熟悉的語言裡的語詞用法，我們或許會感到不耐煩。然而如果我們讀到的是關於一個亞述文的語詞用法的描述呢？它是用什麼語言描述的呢？假設是用另一個我們熟悉的語言好了。——在這個描述裡往往會充斥著「有時候」、「經常」、「一般而言」、「大抵上」或是「罕有」之類的說法。

　　我們很難就這類的描述形成一個明確的圖像。

　　可是我基本上是個畫家，而且往往是個差勁的畫家。

◆

　　假使人們的幽默感不一樣，那會是什麼場面呢？他們會無法相

haben? Sie reagieren nicht richtig auf einander. Es ist, als wäre es unter gewissen Menschen Sitte einem Andern einen Ball zuzuwerfen, welcher ihn auffangen und zurückwerfen soll; aber gewisse Leute würfen ihn nicht zurück, sondern steckten ihn in die Tasche.

Oder wie ist es, wenn Einer den Geschmack des Andern gar nicht zu erraten versteht?

◆

Ein in uns festes Bild kann man freilich dem Aberglauben vergleichen, aber doch auch sagen, daß man *immer* auf irgend einen festen Grund kommen muß, sei er nun ein Bild, oder nicht, und also sei ein Bild am Grunde alles Denkens zu respektieren und nicht als ein Aberglaube zu behandeln.

◆

Wenn das Christentum die Wahrheit ist, dann ist alle Philosophie darüber falsch.

◆

Kultur ist eine Ordensregel. Oder setzt doch eine Ordensregel voraus.

◆

Die Traumerzählung, ein Gemenge von Erinnerungen. Oft zu einem sinnvollen und rätselhaften Ganzen. Gleichsam zu einem Fragment, das uns *stark* beeindruckt (*manchmal* nämlich), so daß wir nach einer

互做出正確的反應。那就好比說，在一群人當中有個習慣，也就是如果一個人接到球，他應該要扔回去；可是到了另一群人那裡，他們接到球並不會扔回去，而是直接塞到口袋裡。

或者說，假使一個人猜不透另一個人的品味，那會是什麼情況呢？

◆

我們當然會把深植在我們心裡的圖像比擬為一個迷信，但是我們終究都**必須**找到確鑿的證據，不管它是不是一個圖像，也就是在我們的思考深處必須尊敬的圖像，而不會被認為是個迷信。

◆

假如基督教是真理，那麼所有關於它的哲學就都是虛妄的。

◆

文化是一個修院會規。或者說它預設了一個修院會規。

◆

記夢的敘事，種種回憶的大雜燴。它們往往形成了一個意義豐富而不明所以的整體。宛如一個在我們心裡**百轉千迴**（至少是**有時候**）的片段，使得我們想要找尋一個解釋，找尋種種關聯性。

Erklärung, nach Zusammenhängen suchen.

Aber warum kamen *jetzt diese* Erinnerungen? Wer will's sagen? - Es kann mit unserm gegenwärtigen Leben, also auch mit unsern Wünschen, Befürchtungen, etc., zusammenhängen. - "Aber willst Du sagen, daß diese Erscheinung im bestimmten ursächlichen Zusammenhang stehen müsse?" - Ich will sagen, daß es nicht notwendigerweise Sinn haben muß, von einem Auffinden ihrer Ursache zu reden.

◆

Shakespeare und der Traum. Ein Traum ist ganz unrichtig, absurd, zusammengesetzt, und doch ganz richtig: er macht in *dieser* seltsamen Zusammensetzung einen Eindruck. Warum? Ich weiß es nicht. Und wenn Shakespeare groß ist, wie von ihm ausgesagt wird, dann muß man von ihm sagen können: Es ist alles falsch, *stimmt nicht* - und ist doch ganz richtig nach einem eigenen Gesetz.

Man könnte das auch so sagen: Wenn Shakespeare groß ist, kann er es nur in der *Masse* seiner Dramen sein, die sich ihre *eigene* Sprache und Welt schaffen. Er ist also ganz unrealistisch. (Wie der Traum.)

1950

◆

Es ist nichts Unerhörtes darin, daß der Charakter des Menschen

可是為什麼偏偏浮現的是**這些**回憶呢？誰說得上呢？——或許是和我們眼前的生活有關，也就是我們的願望、擔憂之類的。——「可是你想要說這些現象一定有某種因果關係嗎？」——我會說，談論原因的溯源不一定是有意義的事。

◆

莎士比亞和夢。一個夢是完全錯誤的、荒謬的、東拼西湊的，卻又完全正確：以**這種**奇怪的組合方式，它創造了一種印象。為什麼？我不知道。如果莎士比亞真的像人們說的那麼偉大，那麼關於他，我們應該也可以說：一切都是錯誤的，真相**並非如此**——但是就其自身的法則而言，它們又是正確的。

我們也可以說：如果莎士比亞真的很偉大，那也是就其**整體**戲劇而言，它創造了一個屬於**自己的**語言和世界。換言之，他是完全不真實的。（就像夢境一樣。）

一九五〇年

◆

一個人的性格可能受到外界影響（懷寧格語），這並不是什麼

von der Außenwelt beeinflußt werden kann (Weininger). Denn das heißt ja nur, daß erfahrungsgemäß die Menschen sich mit den Umständen ändern. Fragt man: Wie *könnte* die Umgebung den Menschen, das Ethische in ihm, *zwingen*? - so ist die Antwort, daß er zwar sagen mag "Kein Mensch muß müssen", aber doch unter solchen Umständen so und so handeln *wird.*

'Du MUßT nicht, ich kann Dir einen (andern) Ausweg sagen, - aber Du wirst ihn nicht ergreifen.'

♦

Ich glaube nicht, daß man Shakespeare mit einem andern Dichter zusammenhalten kann. War er vielleicht eher ein *Sprachschöpfer* als ein Dichter?

♦

Ich könnte Shakespeare nur anstaunen; nie etwas mit ihm anfangen.

♦

Ich habe ein *tiefes* Mißtrauen gegen die allermeisten Bewunderer Shakespeares. Ich glaube, das Unglück ist, daß er, in der westlichen Kultur zum mindesten, einzig dasteht, und man ihn daher, um ihn einzureihen, falsch einreihen muß.

♦

Es ist *nicht*, als ob Shakespeare Typen von Menschen gut portraitierte und insofern *wahr* wäre. Er ist *nicht* naturwahr. Aber er hat eine

聞所未聞的說法。因為那只是意味著，就經驗而言，人會隨著環境而改變。若是有人問說：環境怎麼**可能**對人，對他心中的道德，構成**強制力**呢？——答案會是：就算他可以說「沒有人一定要被迫那麼做」，可是在那樣的情況下，人事實上就是**會**那麼做。

「你不**一定**要那麼做，我可以告訴你（另一個）出路，——可是你不會採取那個辦法。」

◆

我不覺得莎士比亞可以和任何其他詩人相提並論。如果說他是個詩人，還不如說他是個**語言的創造者**吧？

◆

我只會對於莎士比亞感到瞠目結舌；但是我從不喜歡他。

◆

對於大多數莎士比亞的愛好者，我**深感**懷疑。我覺得不幸的是他至少在西方文化裡如此獨樹一格，使得人們為了要定位他而不得不把他擺錯位置。

◆

莎士比亞並**沒有**那麼擅長描繪人的種種類型而**栩栩如生**。他並**不**忠於自然。但是他的手法靈巧，**筆觸獨特**，使得他筆下的每個人

so gelenke Hand und einen so eigenartigen *Strich*, daß jede seiner Figuren *bedeutend*, sehenswert ausschaut.

◆

"Das große Herz Beethovens" - niemand könnte sagen "das große Herz Shakespeares". 'Die gelenke Hand, die neue Naturformen der Sprache geschaffen hat', schiene mir richtiger.

◆

Der Dichter kann eigentlich nicht von sich sagen "Ich singe wie der Vogel singt" - aber Shakespeare hätte es vielleicht von sich sagen können.

◆

Ein und dasselbe Thema hat in Moll einen andern Charakter als in Dur, aber von einem Charakter des Moll im allgemeinen zu sprechen, ist ganz falsch. (Bei Schubert klingt das Dur oft trauriger als das Moll.) Und so ist es, glaube ich, müßig und ohne Nutzen für das Verständnis der Malerei von den Charakteren der einzelnen Farben zu reden. Man denkt eigentlich dabei nur an spezielle Verwendungen. Daß Grün als Farbe einer Tischdecke die, Rot jene Wirkung hat, läßt auf ihre Wirkung in einem Bild keinen Schluß zu.

◆

Ich glaube nicht, daß Shakespeare über das 'Dichterlos' hätte nachdenken können.

物看起來都有其**深意**而且嘆為觀止。

◆

「貝多芬的偉大心靈」——應該沒有人會說「莎士比亞的偉大心靈」。「為語言創造新的自然形態的靈巧手法」，我覺得是比較貼切的說法。

◆

詩人其實不會說他自己：「我的歌聲像小鳥一樣。」——可是或許莎士比亞會這麼說他自己。

◆

同一個主題，小調或大調就會有不同的性格。然而要概括性地談論小調的性格，那則是完全錯誤的事。（在舒伯特的音樂裡，大調聽起來往往比小調更悲愴。）同樣的，我覺得談論個別顏色的性格也是無益戲論，對於理解繪畫沒有什麼用處。在那些情況裡，我們想到的其實是特殊的應用。儘管綠色桌布的效果不同於紅色桌布，我們卻不能因此推論它們在畫布上的效果。

◆

我不認為莎士比亞有能力思考「詩人的命運」[72]。

---

72 譯注：語出德國詩人艾興多夫（Joseph von Eichendorff, 1788-1857）的《詩人的命運》（*Dichterlos*）：「為了蒼生，我忠實的心必須因歡喜而灼熱，為了蒼生，我必須受難，為了蒼生，我必須盛開，當花結了果實，他們早就把我埋葬。」

◆

Er konnte sich auch nicht selbst als Prophet oder Lehrer der Menschheit betrachten.

Die Menschen staunen ihn an, beinahe wie ein Naturschauspiel. Sie fühlen nicht, daß sie dadurch mit einem großen *Menschen* in Berührung kommen. Sondern mit einem Phänomen.

◆

Ich glaube, um einen Dichter zu genießen, dazu muß man auch die Kultur, zu der er gehört, *gern haben*. Ist die einem gleichgültig oder zuwider, so erkaltet die Bewunderung.

◆

Wenn der an Gott Glaubende um sich sieht und fragt "Woher ist alles, was ich sehe?", "Woher das alles?", verlangt er *keine* (kausale) Erklärung; und der Witz seiner Frage ist, daß sie der Ausdruck dieses Verlangens ist. Er drückt also eine Einstellung zu allen Erklärungen aus. - Aber wie zeigt sich die in seinem Leben?

Es ist die Einstellung, die eine bestimmte Sache ernst nimmt, sie aber dann an einem bestimmten Punkt doch nicht ernst nimmt, und erklärt, etwas anderes sei noch ernster.

So kann Einer sagen, es ist sehr ernst, daß der und der gestorben ist, ehe er ein bestimmtes Werk vollenden konnte; und in anderem Sinne kommt's darauf gar nicht an. Hier gebraucht man die Worte "in einem

◆

他沒辦法以先知或者人類的導師自居。

人們幾乎像是觀看自然奇觀一樣地讚嘆他。那並不會讓他們覺得目睹了一個偉人。他們只是看到了一個現象。

◆

我覺得，如果要欣賞一個詩人，我們也要**喜歡**他所屬的文化。假如我們對於那個文化漠不關心或者厭惡它，那麼我們的讚嘆也會冷卻下來。

◆

如果一個信神的人環顧四周並且問道：「我所看到的一切是打哪裡來的？」「這一切是來自何處？」他其實不是要求**任何**（因果關係的）解釋；他只是表達一個對於所有解釋的態度。──但是這個態度如何顯露在他的生活裡呢？

那是認真對待特定事物的態度，可是到了一定的點，他就不再認真以對，並且解釋說世上有其他更重要的事。

有人或許會說，某某人在完成某個作品以前就謝世，那是一件大事；可是換個角度來看，那又是無關緊要的事。在這點上，我們是「以更深層的意義」使用那個語詞。

tiefern Sinne".

Eigentlich möchte ich sagen, daß es auch hier nicht auf die *Worte* ankommt, die man ausspricht, oder auf das, was man dabei denkt, sondern auf den Unterschied, den sie an verschiedenen Stellen im Leben machen. Wie weiß ich, daß zwei Menschen das gleiche meinen, wenn jeder sagt, er glaube an Gott? Und ganz dasselbe kann man bezüglich der 3 Personen sagen. Die Theologie, die auf den Gebrauch *gewisser* Worte und Phrasen dringt und andere verbannt, macht nichts klarer (Karl Barth). Sie fuchtelt sozusagen mit Worten, weil sie etwas sagen will und es nicht auszudrücken weiß. *Die Praxis* gibt den Worten ihren Sinn.

◆

Ein Gottesbeweis sollte eigentlich etwas sein, wodurch man sich von der Existenz Gottes überzeugen kann. Aber ich denke mir, daß die *Gläubigen*, die solche Beweise lieferten, ihren 'Glauben' mit ihrem Verstand analysieren und begründen wollten, obgleich sie selbst durch solche Beweise nie zum Glauben gekommen wären. Einen von der 'Existenz Gottes überzeugen' könnte man vielleicht durch eine Art Erziehung, dadurch, daß man sein Leben so und so gestaltet.

◆

Das Leben kann zum Glauben an Gott erziehen. Und es sind auch *Erfahrungen*, die dies tun; aber nicht Visionen, oder sonstige Sinneserfahrungen, die uns die 'Existenz dieses Wesens' zeigen, sondern z.B. Leiden

其實我想說的是，這裡的重點並不在於人們用什麼**語詞**或是怎麼想，而是他們不同的生活處境裡所做的區分。當兩個人都說他們信神的時候，我怎麼知道他們是在說同一件事呢？人們關於三位一體的說法也是如此。神學堅持**特定**語詞的用法，而排除其他用法，那並無助於釐清任何事（卡爾‧巴特）。[73]它可以說是用語詞在做手勢，因為它想要說些什麼卻不知道該怎麼表達。**實踐**為語詞賦予其意義。

◆

　　一個上帝存在的證明其實應該是人們可以據以說服自己神的存在的論證。可是我覺得提出這些證明的**信徒們**是要以其知性分析他們的「信仰」並且證明它，儘管他們自己從來都不是經由這些證明歸信的。如果我們要一個人「相信神的存在」，或許可以經由某種教育，經由形塑他的人生。

◆

　　生活可以把人教育成信神。**經驗**也可以；我說的不是種種靈視或其他對我們證明「這個存有者存在」的感官經驗，而是各式各樣的苦難。它們對我們證明神的存在的方式，並不同於感官印象對我

---

73 譯注：卡爾‧巴特（Karl Barth, 1886-1968），瑞士基督新教神學家，新正統主義神學代表人物。他認為「神的話語」是基督教神學唯一的源頭。

verschiedener Art. Und sie zeigen uns Gott nicht wie ein Sinneseindruck einen Gegenstand, noch lassen sie ihn *vermuten*. Erfahrungen, Gedanken, - das Leben kann uns diesen Begriff aufzwingen.

Er ist dann etwa ähnlich dem Begriff 'Gegenstand'.

♦

Ich kann Shakespeare darum nicht verstehen, weil ich in der gänzlichen Asymmetrie die Symmetrie finden will.

Mir kommt vor, seine Stücke seien, gleichsam, enorme *Skizzen*, nicht Gemälde; sie seien *hingeworfen*, von einem, der sich sozusagen *alles* erlauben kann. Und ich verstehe, wie man das bewundern und *es* die *höchste* Kunst nennen kann, aber ich mag es nicht. - Wer daher vor diesen Stücken sprachlos steht, den kann ich verstehen; wer sie aber bewundert, so wie man Beethoven etwa bewundert, der scheint mir Shakespeare mißzuverstehen.

♦

Eine Zeit mißversteht die andere; und eine *kleine* Zeit mißversteht alle andern in ihrer eigenen häßlichen Weise.

♦

Wie Gott den Menschen beurteilt, das kann man sich gar nicht vorstellen. Wenn er dabei wirklich die Stärke der Versuchung und die Schwäche der Natur in Anschlag bringt, wen kann er dann verurteilen? Wenn aber nicht, so ergibt eben die Resultierende dieser beiden Kräfte

們證明對象的存在，它們也不是要我們**妄自臆測**祂的存在。經驗、思想——生活使我們不得不意識到這個概念。

所以說，它或許類似於「對象」的概念。

♦

我不懂莎士比亞，因為我想要在這一整個不對稱裡面找尋對稱。

我覺得他的作品就像是特大號的**速寫**而不是油畫；是由一個恣意揮灑的人**隨手畫成**的。我知道**人們**為什麼會讚嘆它，說**它**是**登峰造極**的藝術，可是我不喜歡它。——所以說，如果有人站在這些作品前面而啞口無言，我可以理解為什麼；可是如果有人像讚嘆貝多芬一樣地讚嘆它們，我覺得似乎是誤解了莎士比亞。

♦

一個時代會誤解另一個時代；一個**鼠目寸光**的時代會以它自己醜陋的方式誤解所有時代。

♦

神要怎麼審判一個人，我完全無法想像。如果祂真的考慮到誘惑有多麼強烈，人的天性有多麼軟弱，那麼祂要審判誰呢？然而若非如此，那麼這兩股力量拉扯的結果，也只是人們被預定的下場而已。人被創造出來，不是要在這場力量的交互作用當中獲勝，就是

das Ziel, zu dem er prädestiniert wurde. Er wurde also geschaffen, um entweder durch das Zusammenspiel der Kräfte zu siegen, oder unterzugehen. Und das ist überhaupt kein religiöser Gedanke, sondern eher eine wissenschaftliche Hypothese.

Wenn Du also im Religiösen bleiben willst, mußt Du *kämpfen*.

♦

Sieh Dir die Menschen an: Der eine ist Gift für den andern. Die Mutter für den Sohn, und umgekehrt, etc. etc. Aber die Mutter ist blind und der Sohn ist es auch. Vielleicht haben sie schlechtes Gewissen, aber was hilft ihnen das? Das Kind ist böse, aber niemand lehrt es anders sein, und die Eltern verderben es nur durch ihre dumme Zuneigung; und wie sollen sie es verstehen, und wie soll das Kind es verstehen? Sie sind sozusagen *alle* böse und *alle* unschuldig.

♦

Die Philosophie hat keinen Fortschritt gemacht? - Wenn Einer kratzt, wo es ihn juckt, muß ein Fortschritt zu sehen sein? Ist es sonst kein echtes Kratzen, oder kein echtes Jucken? Und kann nicht diese Reaktion auf die Reizung lange Zeit so weitergehen, ehe ein Mittel gegen das Jucken gefunden wird?

要落敗。而這根本不是什麼宗教觀念，而更像是一個科學假設。

　　所以說，如果你要堅持宗教信仰，你一定會很**掙扎**。

◆

　　你瞧瞧人類：一個人是另一個人的毒藥。正如母親之於兒子，而反之亦然，如此以至於無窮。然而母親眼睛瞎了，她的兒子也是。或許他們會良心不安，然而那又於事何補呢？做兒子的蕩檢踰閑，可是沒有人教他改過遷善，而做父母的則是以他們愚蠢的溺愛寵壞他；他們怎麼會明白這個道理呢，兒子又怎麼知道呢？**他們**都德行有虧，但是**他們**也都是無辜的。

◆

　　哲學一點進步也沒有嗎？──如果有人哪裡覺得癢就去抓癢，我們應該把它視為一種進步嗎？不然的話，難道他不是真的在抓癢，也不真的覺得癢嗎？對於刺激的這種反應不是會一直持續下去，直到我們找到止癢的方法嗎？

1951

♦

Gott kann mir sagen: "Ich richte Dich aus Deinem eigenen Munde. Du hast Dich vor Ekel vor Deinen eigenen Handlungen geschüttelt, wenn Du sie an Andern gesehen hast."

♦

Ist der Sinn des Glaubens an den Teufel der, daß nicht alles, was als eine Eingebung zu uns kommt, von gutem ist?

♦

Man kann sich nicht beurteilen, wenn man sich in den Kategorien nicht auskennt. (Freges Schreibart ist manchmal *groß*; Freud schreibt ausgezeichnet, und es ist ein Vergnügen, ihn zu lesen, aber er ist nie *groß* in seinem Schreiben.)

一九五一年

◆

　　神可能會對我說：「我是依據你自己說的話來審判你。當你看到別人的行為和你沒什麼不同的時候，你因為厭惡自己的行為而顫慄不已。」

◆

　　信仰魔鬼的意思難道就是說：並不是所有襲上心頭的靈感[74]都是好的？

◆

　　如果一個人不熟悉種種類型，他就沒辦法評量自己。（弗列格的寫作風格有時候很**大器**；佛洛伊德的文筆相當出色，讀起來心曠神怡，可是他的作品算不上**大器**。）[75]

---

74 譯注：這裡的「靈感」應該是指「默感」（afflatus），或譯為「神感」、「靈悟」，指神的能力進入人身，使他去說、寫和做神願意的，尤其用於聖經的寫作上。

75 譯注：弗列格（Friedrich Ludwig Gottlob Frege, 1848-1925），德國數學家、邏輯學家和哲學家，數理邏輯和分析哲學的先驅。

國家圖書館出版品預行編目資料

維根斯坦的哲學筆記：文化與價值 / 路德維希.維根斯坦（Ludwig
Wittgenstein）著；林宏濤 譯. -- 初版. -- 臺北市：商周出版，城邦文化
事業股份有限公司出版：英屬蓋曼群島商家庭傳媒股份有限公司城邦
分公司發行, 2024.12
336面；14.8×21公分（德中對照）
譯自：Vermischte Bemerkungen. Eine Auswahl aus dem Nachlaß
ISBN 978-626-390-368-5（平裝）
1. CST: 哲學
144.49   113017744

維根斯坦的哲學筆記：文化與價值（德中對照）

原 著 書 名 ╱ Vermischte Bemerkungen. Eine Auswahl aus dem Nachlaß
作　　　者 ╱ 路德維希・維根斯坦（Ludwig Wittgenstein）
譯　　　者 ╱ 林宏濤
責 任 編 輯 ╱ 林瑾俐

版　　　權 ╱ 吳亭儀、游晨瑋
行 銷 業 務 ╱ 林詩富、周丹蘋
總 　 編 　 輯 ╱ 楊如玉
總 　 經 　 理 ╱ 彭之琬
事業群總經理 ╱ 黃淑貞
發 　 行 　 人 ╱ 何飛鵬
法 律 顧 問 ╱ 元禾法律事務所　王子文律師
出　　　版 ╱ 商周出版
　　　　　　城邦文化事業股份有限公司
　　　　　　台北市南港區昆陽街16號4樓
　　　　　　電話：(02) 2500-7008 傳眞：(02) 2500-7579
　　　　　　E-mail：bwp.service@cite.com.tw
發　　　行 ╱ 英屬蓋曼群島商家庭傳媒股份有限公司城邦分公司
　　　　　　台北市南港區昆陽街16號8樓
　　　　　　書虫客服服務專線：(02) 2500-7718・(02) 2500-7719
　　　　　　24小時傳眞服務：(02) 2500-1990・(02) 2500-1991
　　　　　　服務時間：週一至週五09:30-12:00・13:30-17:00
　　　　　　劃撥帳號：19863813　戶名：書虫股份有限公司
　　　　　　讀者服務信箱E-mail：service@readingclub.com.tw
　　　　　　城邦讀書花園 網址：www.cite.com.tw
香港發行所 ╱ 城邦（香港）出版集團有限公司
　　　　　　香港九龍土瓜灣土瓜灣道86號順聯工業大廈6樓A室
　　　　　　電話：(852) 2508-6231　傳眞：(852) 2578-9337
　　　　　　E-mail：hkcite@biznetvigator.com
馬新發行所 ╱ 城邦（馬新）出版集團 Cité (M) Sdn. Bhd.
　　　　　　41, Jalan Radin Anum, Bandar Baru Sri Petaling,
　　　　　　57000 Kuala Lumpur, Malaysia
　　　　　　電話：(603) 9057-8822　傳眞：(603) 9057-6622

封 面 設 計 ╱ 兒日設計
內 文 排 版 ╱ 新鑫電腦排版工作室
印　　　刷 ╱ 韋懋實業有限公司
經 　 銷 　 商 ╱ 聯合發行股份有限公司
　　　　　　電話：(02) 2917-8022　傳眞：(02) 2911-0053
　　　　　　地址：新北市231新店區寶橋路235巷6弄6號2樓

■2024年12月初版　　　　　　　　　　　　Printed in Taiwan
定價 400 元　　　　　　　　　　　　　　城邦讀書花園
　　　　　　　　　　　　　　　　　　　www.cite.com.tw

115台北市南港區昆陽街16號4樓

英屬蓋曼群島商家庭傳媒股份有限公司　城邦分公司

- -

請沿虛線對摺，謝謝！

書號：BP6047	書名：維根斯坦的哲學筆記	編碼：

讀者回函卡

感謝您購買我們出版的書籍！請費心填寫此回函卡，我們將不定期寄上城邦集團最新的出版訊息。

姓名：＿＿＿＿＿＿＿＿＿＿＿＿＿＿＿＿＿＿＿＿ 性別：□男 □女

生日：西元＿＿＿＿＿＿＿年＿＿＿＿＿＿月＿＿＿＿＿日

地址：＿＿＿＿＿＿＿＿＿＿＿＿＿＿＿＿＿＿＿＿＿＿＿＿＿

聯絡電話：＿＿＿＿＿＿＿＿＿＿＿ 傳真：＿＿＿＿＿＿＿＿＿＿

E-mail：

學歷：□ 1. 小學 □ 2. 國中 □ 3. 高中 □ 4. 大學 □ 5. 研究所以上

職業：□ 1. 學生 □ 2. 軍公教 □ 3. 服務 □ 4. 金融 □ 5. 製造 □ 6. 資訊

□ 7. 傳播 □ 8. 自由業 □ 9. 農漁牧 □ 10. 家管 □ 11. 退休

□ 12. 其他＿＿＿＿＿＿＿＿＿＿＿＿＿＿＿＿＿＿＿＿＿

您從何種方式得知本書消息？

□ 1. 書店 □ 2. 網路 □ 3. 報紙 □ 4. 雜誌 □ 5. 廣播 □ 6. 電視

□ 7. 親友推薦 □ 8. 其他＿＿＿＿＿＿＿＿＿＿＿＿＿

您通常以何種方式購書？

□ 1. 書店 □ 2. 網路 □ 3. 傳真訂購 □ 4. 郵局劃撥 □ 5. 其他＿＿＿＿

您喜歡閱讀那些類別的書籍？

□ 1. 財經商業 □ 2. 自然科學 □ 3. 歷史 □ 4. 法律 □ 5. 文學

□ 6. 休閒旅遊 □ 7. 小說 □ 8. 人物傳記 □ 9. 生活、勵志 □ 10. 其他

對我們的建議：＿＿＿＿＿＿＿＿＿＿＿＿＿＿＿＿＿＿＿

＿＿＿＿＿＿＿＿＿＿＿＿＿＿＿＿＿＿＿＿＿＿＿＿＿＿＿＿

＿＿＿＿＿＿＿＿＿＿＿＿＿＿＿＿＿＿＿＿＿＿＿＿＿＿＿＿